人種差別から読み解く大東亜戦争

岩田温

彩図社

まえがき

平成七（一九九五）年八月十五日、当時の村山富市総理が、先の大戦に関する談話を発表しました。いわゆる「村山談話」です。この談話の発表以来、基本的に全ての内閣がこの談話で示された歴史認識を踏襲しています。私は、この村山談話には大きな問題点があったと考えています。

「お前は日本軍の侵略を認めない歴史修正主義者か」といきり立つ前に、冷静に村山談話を振り返ってみましょう。

村山談話には次のような一節があります。

「わが国は、遠くない過去の一時期、国策を誤り、戦争への道を歩んで国民を存亡の危機に陥れ、植民地支配と侵略によって、多くの国々、とりわけアジア諸国の人々に対して多大の損害と苦痛を与えました」

「その通りだ。日本はアジアを侵略し、多大の損害と苦痛を与えた」と一気に納得せずに、もう少し、お付き合いください。

これは何気ない文章のように思われるかもしれませんが、よくよく考えてみると不思議な文章です。わが国が国策を誤り、国民を存亡の危機に陥れ、植民地支配と侵略に手を染め、アジア諸国の人々に対して、多大の損害と苦痛を与えたというのです。

「わが国」が「植民地支配と侵略」によって、「アジア諸国の人々」に対して「多大の損害と苦痛を与えた」というだけならば、認識の相違はありますが、理解は出来る文章です。

単純に、わが国が他国に迷惑をかけ、申し訳なかったという話です。

しかし、この文章は、そうしたわが国と他国との関係だけを記述したものではありません。「わが国」と「国民」との関係についても言及しているのです。私が理解できないのは「わが国」は「国民を存亡の危機に陥れ」の一節です。一体、「わが国」の誰が国民を存亡の危機に陥れたというのでしょう。

「何をバカなことをいうのだ。そんなのは、当時の政府のリーダーであり、軍部の指導者に決まっているではないか」

という、反論の声があがるかもしれません。

確かに当時の政府の指導者、軍部の指導者に責任があったのは確かでしょう。それは否定の出来ない事実です。政治家として、軍人として、祖国を敗戦に至らしめた責任は重いといわざるをえません。

しかし、国民は一方的に「存亡の危機」に陥れられただけの被害者だということは出来るのでしょうか。そして、戦争を熱烈に推進し、戦争反対の声をあげようものならば、「売国奴」よばわりしていたマスメディアの責任も存在しなかったことになるのでしょうか。

私はこの部分に大いなる違和感を覚えるのです。

戦前、戦時下の日本における消費や観光に着目した面白い研究をしているケネス・ルオフという学者は、冷静に次のように指摘しています。

「（戦後）日本を戦争の暗い谷間へと引きずりこんだとして、漠然とした少数の『軍国主義者』を非難することが通例となった。しかし、国民の支持がなければ、全面戦争の遂行などできるわけがないのだから、これは奇妙な言い草だった」（括弧内引用者）

（『紀元二千六百年　消費と観光のナショナリズム』朝日新聞出版、xi頁）

ルオフは、戦前の日本で愛国主義的な雰囲気が盛り上がっていたことを指摘していますが、それはただ政府が盛り上げていただけでなく、国民の側もそれを喜んでいたことを指摘しているのです。

騙した指導者と騙された国民。

こういう加害者と被害者の単純な二項対立は成立しないはずなのです。

明らかに、当時の日本国民は戦争を支持し、マスメディアも開戦を熱烈に支持していました。この歴史的な事実が忘れ去られようとしています。まるで、国民は戦争指導者によって騙されただけの存在であったかのように扱われていますが、戦争を熱烈に支持していたのは国民自身なのです。

村山談話は、単純にわが国の「侵略」を反省するだけの談話ではなく、わが国の国民が熱烈に戦争を支持していたという歴史の真実から目を背けている談話なのです。

他国に対する謝罪以前に、我々の先祖たちは、何故、あの無謀ともいえる戦争を熱烈に支持していたのだろうか、という部分を明らかにすべきでしょう。自分たちに都合の悪い部分には目を塞ぎながら、謝罪と反省を繰り返したところで、それは本当の意味での謝罪にも反省にもならないはずです。

大東亜戦争開戦時、多くの国民が開戦を支持しました。

この歴史的な事実に目を向けたうえでこそ、本当の意味での反省があるのではないでしょうか。

一握りの狂信集団に騙され、国民は戦争に巻き込まれ、アジア諸国には迷惑をかけた。

こうした歴史認識は、あまりに偏っているといわざるをえません。

何故、日本国民の多くが、あの戦争を支持したのでしょうか。

現代でも多くの若い人々を魅了する『人間失格』、『斜陽』の著者として有名な太宰治の小説「十二月八日」の中に、その手掛かりがあります（なお、この「十二月八日」は、インターネット上の青空文庫で全文を無料で読むことが可能となっています）。

十二月八日とは、昭和十六年十二月八日を意味しています。いうまでもなく、日本海軍が真珠湾攻撃を敢行した日米開戦の日のことです。

小説はこのような形ではじまります。


「きょうの日記は特別に、ていねいに書いて置きましょう。昭和十六年の十二月八日には日本のまずしい家庭の主婦は、どんな一日を送ったか、ちょっと書いて置きましょう」


日米開戦が始まったその日、一般的な主婦がいかに感じていたのか。

それがこの小説の主題です。

果たして、戦争を悲しみ、呪っていたのでしょうか。

困窮する生活を訴え、一日も早い終戦を願っていたのでしょうか。

全く違います。

日米開戦に歓喜する主婦の悦びに満ち溢れた一日が描かれているのです。

朝、ご飯の準備をしようと子供に乳をやっていると、どこからかラジオの声が聞こえてきます。

「大本営陸海軍部発表。帝国陸海軍は今八日未明西太平洋において米英軍と戦闘状態に入れり」

日米開戦を告げる重大な一報でした。

この一報を受けた主婦の感想は次のようなものです。

「しめ切った雨戸のすきまから、まっくらな私の部屋に、光のさし込むように強くあざやかに聞えた。二度、朗々と繰り返した。それを、じっと聞いているうちに、私の人間は変ってしまった。強い光線を受けて、からだが透明になるような感じ。あるいは、聖霊の息吹きを受けて、つめたい花びらをいちまい胸の中に宿したような気持ち。日本も、けさから、ちがう日本になったのだ」

戦争を憎む気持ちなど微塵《みじん》も感じさせない叙述です。我々、戦後の日本人の大方の予想とは異なり、日米開戦の一報に、この主婦は感激しているのです。勿論、この後の辛く、苦しい戦争生活を知らないからこそ、この時、この主婦はこのような感覚を抱いたのでしょう。しかし、ここで確認しておきたいのは、開戦当初、多くの日本国民が、この主婦のように日米開戦を支持していたという事実です。

この主婦は次のようにも述べています。

「いやだなあ、という気持は、少しも起らない。こんな辛い時勢に生れて、などと悔やむ気がない。かえって、こういう世に生れて生甲斐《いきがい》をさえ感ぜられる。こういう世に生れて、よかった、と思う。ああ、誰かと、うんと戦争の話をしたい。やりましたわね、いよいよはじまったのねえ、なんて」

暗い戦争の時代という現在の我々のイメージとは全く異なる感覚です。戦争がはじまった時代に生まれて「生甲斐」を感じるというのは、現代の感覚からすれば、不謹慎そのものでしょうが、当時の人々がそう感じていたという事実を無視することは出来ません。

では、どうしてこの主婦は、ここまで熱烈に日米開戦を支持しているのでしょうか。日本にのみ戦争そのものを好む好戦的な気分が漲っていたのでしょうか。

この手がかりも主婦の叙述の中にあるので、引用してみましょう。

「台所で後かたづけをしながら、いろいろ考えた。目色、毛色が違うという事が、之程《これほど》までに敵愾心《てきがいしん》を起させるものか。滅茶苦茶に、ぶん殴りたい。支那《シナ》を相手の時とは、まるで気持が違うのだ。本当に、此の親しい美しい日本の土を、けだものみたいに無神経なアメリカの兵隊どもが、のそのそ歩き廻るなど、考えただけでも、たまらない」

引用した中にある「支那（シナ）」とは、中国のことです。そうです。この主婦は、今回のアメリカ相手の戦争は、中国を相手にした戦争とは「まるで気持が違う」というのです。何故、中国相手の戦争とアメリカ相手の戦争とでは、「まるで気持が違う」のでしょうか。

その手がかりも引用した一節の中にあります。

「目色、毛色が違うという事が、之程までに敵愾心を起させるものか」

黄色人種である中国人相手の戦争と、白人であるアメリカ相手の戦争とでは、気分が違うというのです。

現在、我々は「人種」という問題をあまり意識することはありません。しかし、戦前の日本では、この「人種」という問題が非常に大きな意味をもっていました。

本書は「人種」、とりわけ「人種差別」の問題から、あの大東亜戦争を説明してみようという試みです。

勿論、いうまでもありませんが、「人種差別」の問題だけが、戦争勃発の要因ではありません。歴史とは様々な原因が複雑に絡み合って生じた出来事であり、たった一つの理由だけで、大東亜戦争を説明できるはずがありません。

しかし、現在、日本国民の多くが大東亜戦争を支持したという事実が忘れ去られ、まるで日本国民は一部の戦争指導者に騙された被害者であったかのような議論が横行しています。間違いなく日本国民は日米開戦を熱烈に支持しました。そして、この背景には、明治維新の開国以来、日本がアメリカをはじめとする白人による人種差別を受け続けているという被害者意識、そして、憤りの念が存在していました。

この人種問題に着目し、何故、日本国民があの無謀ともいえる戦争を支持したのか、その一つの理由を理解しようというのが本書の試みです。人種問題という非常に大きな問題を扱う為、時間的にも、空間的にもかなり大きな話になりますが、本書が何らかの形であの戦争を理解するための一視座を提供するものであれば幸いです。

人種差別から読み解く大東亜戦争　目次

第三章　アフリカ、インカ、アメリカの悲劇

第四章　奴隷貿易と無縁ではなかった日本

第五章　「植民地にされる」とはどういうことか

第六章　日本が求めた欧米列強と対等の地位

第一章　大東亜戦争と人種差別

大東亜戦争か　太平洋戦争か

本章では日本の戦争の原因の一つに人種差別が存在したことを具体的に説明していきたいのですが、その前に戦争の名称について触れておきます。私は先の大戦を「大東亜戦争」と呼んでいます。恐らく、小学校、中学校の歴史の授業では「太平洋戦争」として教えられたはずです。他にも「アジア・太平洋戦争」など幾つかの呼び方がありますが、あの戦争に関しては、どの呼称を用いるかによって、戦争について語っている当人の思想的立場がある程度明確になってしまうという複雑な問題がありますので、ここで少し説明しておきましょう。

普通、「関ヶ原の戦い」と呼んだことが石田三成を支持していたり、徳川家康を支持していたりする証明にはなりません。しかし、あの戦争に関しては、「大東亜戦争」と呼ぶか「太平洋戦争」と呼ぶかによって、その人自身の戦争観をある程度表明することになってしまうのです。

要するに「大東亜戦争」と呼ぶ人は、あの戦争を若干なりとも肯定的に捉える人であり、「太平洋戦争」と呼ぶ人は、あの戦争を若干なりとも否定的に捉える人であるというイメージが定着してしまっています。歴史を振り返るということは、本来何らかの立場を表明することとは異なりますから、大変残念なことなのですが、現在の日本では、「大東亜戦争」と呼ぶ人々と、「太平洋戦争」と呼ぶ人々とに分かれています。

「大東亜戦争」とは、昭和十六年に内閣の閣議決定で定められた先の大戦の呼称です。しかし、この閣議決定には問題点もありました。それは、この閣議決定では「シナ事変」（現在、「日中戦争」と呼ばれている戦争です）をも含めて「大東亜戦争」と呼ぶことが確認されているからです。従って、いわゆる「日中戦争」も含めた戦争を「大東亜戦争」と呼ぶわけですから、開戦の時期は昭和十六年よりも遡ることになってしまいます。

これに対して「太平洋戦争」とは、アメリカが日本を占領した際に強要した呼称です。アメリカは「大東亜戦争」という呼称そのものの使用を禁止し、「太平洋戦争」に書き換えることを命じたのです。

何故、アメリカが「大東亜戦争」という呼称を禁止にしたのでしょうか。これが大切な点です。何の意図もなく特定の名称を禁止するはずがありません。それは後ほど触れることになる「大東亜会議」との関係があり、この「大東亜戦争」の呼称そのものが、日本が掲げていた「人種平等」の理念を思い起こさせるものだからに他なりません。日本の戦争にわずかでも大義名分があったとは認めたくないというアメリカの強い意志の表れと言ってよいでしょう。

私自身は昭和十六年十二月八日、日本軍の真珠湾攻撃によって開始された戦争を「大東亜戦争」と呼ぶことにしています。当時の日本の閣議決定にも従わず、アメリカの命令にも従わないので、まことに我儘なように思われるかもしれませんが、私が一番大切にしたいと思っているのは、多くの先人たちの意識そのものです。彼らは決して「太平洋戦争」を戦っていたわけではありません。また、多くの人々にとっては、アメリカに対する宣戦布告こそが「大東亜戦争」の勃発に他なりませんでした。「まえがき」で紹介した太宰治の小説にあったようにアジアにおける戦争と、アメリカとの戦争は、当時の国民にとって全く異なる意味をもっていたのです。

私は、先人たちの意識を中心に据えたいという思いが強いので「大東亜戦争」と呼ぶことにしています。そして何よりも、我々が本書で問題にしようとしている人種差別の問題を考える際には、「太平洋戦争」よりも「大東亜戦争」と呼ぶ方が適切だと考えていますので、この呼び方で呼ぶことにします。

戦争原因として語られる四つの説

さて、日本人が大東亜戦争を戦った理由の一つとして人種差別について説明するのが本書の趣旨ですが、その前に「人種差別」抜きの戦争原因の説明を幾つか紹介し、その弱点を指摘しておきたいと思います。

恐らく、大東亜戦争の原因を説明するものとして、大きく分けて、次の四つの説が存在しています。

①侵略戦争説
②ルーズヴェルト陰謀説
③コミンテルン陰謀説
④暴発説

侵略戦争説とは、日本がアジア諸国を力づくで侵略したという説明の仕方ですが、この説明の難点は、どうしてアメリカと戦争状態に陥ったのかが説明できない点です。

確かにアジアの人々からみれば、「侵略」と捉えられかねない日本軍の行為が存在したのは事実ですし、多くの方々を傷つけたのも事実でしょう。しかし、様々な原因が複雑に絡まって勃発した大東亜戦争を「侵略戦争」の一言で済ませてしまうのは、あまりにも粗雑な議論と言わざるを得ないでしょう。いくらなんでも、日本の対米戦争を「侵略戦争」と片付けるのは無理があります。

「侵略戦争」説に立つ日本共産党は、あの戦争について、次のように説明しています。

「アジア・太平洋戦争は、『満州事変』、さらに37年7月の『盧溝橋事件』を経て全面戦争へと広がった、中国との戦争の連続です。日本政府は、中国からの撤兵を求めた国際社会の要求を拒否、中国への侵略戦争を続けるためにアメリカなどとの戦争を始めたのです」

（『赤旗』二〇一一年十二月八日付け）

この説明の仕方だと日本は中国への侵略戦争を継続するために、アメリカと戦争を始めたということになります。しかし、自分たちの国力を遥かに超えるアメリカに対して、中国での戦争を継続したいからという愚かな理由だけで攻撃を仕掛けたというのでは、納得出来ません。

日本の戦争に、侵略的な側面が皆無であったわけではありませんが、「侵略戦争」という言葉で全てが説明できるわけではありません。

ルーズヴェルト陰謀説、コミンテルン陰謀説は、ともに、いわゆる陰謀論です。

陰謀論は、多くの分野である一定数の支持者を得る議論です。世界をユダヤ人が動かしているというユダヤ陰謀論が最も有名な陰謀論ですが、大東亜戦争に関する陰謀論として有名なのが、ルーズヴェルト陰謀説と共産主義者陰謀説です。

まずはルーズヴェルト陰謀説から説明しましょう。

細部に関しては様々な異論がありますが、基本的な筋書きは同じです。

アメリカのルーズヴェルト大統領は、大統領選挙で、ヨーロッパにおける戦争に参加しないことを公約に掲げていました。戦争への不参加を表明することによって、大統領選挙を勝ち抜いたのです。しかし、ヨーロッパ戦線の状況をみると、暴虐なナチス・ドイツが破竹の勢いでヨーロッパを席巻しつつあります。こうした状況の中で、ルーズヴェルト大統領が目をつけたのが、「日独伊三国同盟」でした。すなわち、日本にアメリカを攻撃させることで、日米戦争を開始させ、その同盟国であるドイツを攻撃しようと考えたというのです。

開戦時アメリカ大統領だったルーズヴェルト

ドイツとの戦争に、「正面玄関」から入っていけないために、「裏木戸」から入っていったという説明です。

一見すると、確かにそうかもしれないと思われる方もいらっしゃるでしょうが、専門家が研究した結果、このルーズヴェルト陰謀説には、大きな弱点があることがわかっています。

ルーズヴェルト陰謀説の大前提となっている「裏木戸」からのヨーロッパ戦線への参戦という部分の根拠が薄弱なのです。日独伊三国同盟では日本がアメリカに宣戦布告しても、ドイツが同時にアメリカに宣戦布告することにはなっていませんでした。従って、日本がアメリカと戦おうとも、ドイツがアメリカに宣戦布告しない事態も十分にあり得たわけです。その場合、アメリカはヨーロッパ戦線に介入することは出来なくなります。従って、ドイツと戦争するために日本を利用することなど出来なくなってしまうのです。

勿論、これは、ルーズヴェルトに日本と戦争するつもりが全くなかったということを意味してはいません。日本に対する敵意が存在していたのは間違いありません。しかし、ルーズヴェルトの陰謀のみで、日米が開戦に到ったというのは、余りに極端な説だと言わざるをえません。

共産主義者陰謀説も、保守派の中では多くの方が信奉していますが、決定的な証拠に欠けます。

共産主義者に関する陰謀論で、最も有名なものは戦前に総理大臣を務めた近衛文麿《このえふみまろ》による「近衛上奏文」で描かれた陰謀論でしょう。

敗戦による共産主義革命を恐れた近衛は、終戦の直前に昭和天皇に一文を上奏しています。この近衛の上奏文に従えば、戦前の日本陸軍、官僚、右翼の中には共産主義者が跋扈《ばっこ》していたといいます。もちろん、露骨に共産主義思想を喧伝した人間は「治安維持法」によって処罰されますから、彼らは右翼を偽装し、「国体の衣をつけたる共産主義者」となっていたというのです。彼らの目標はもちろん共産主義革命です。彼らが満州事変、シナ事変（日中戦争）を引き起こし、これを拡大して大東亜戦争にまで至らせたというのです。

日本の総理経験者が天皇陛下に上奏した文章ですから、当然、ふざけたものではなく真剣なものです。

近衛がこのような結論に至った一つの理由は、彼のブレーンの一人尾崎秀実《ほつみ》が本物の共産主義者で、ソ連のスパイ、ゾルゲに繋がるスパイだったことが判明したからです。

ゾルゲは、ドイツの新聞記者として来日し、駐日ドイツ大使館を中心に、情報収集を行っていました。彼は、日本の対ソ戦に関する情報を収集するだけでなく、日本の対ソ戦を防ぐべく暗躍したのです。ゾルゲからソ連に送られた情報は多岐に亘り、昭和天皇と限られた重臣のみが参加する御前会議の内容までもがスターリンのもとに届けられていました。このと

ソ連に情報を流していたゾルゲ（左）と尾崎秀実（右）

きにゾルゲに協力したのが尾崎秀実でした。尾崎はジャーナリストとして活躍するだけでなく、近衛内閣のブレーンとして現実政治に大きく関与した知識人でもありました。こうした共産主義者たちの目的は、日本の対ソ戦を避けることにありました。ソ連を「プロレタリアートの祖国」と夢想する彼らは、祖国を裏切り、祖国の情報をソ連に流し続けたのです。

こうした共産主義者たちこそが日本を大東亜戦争に導いたとするのが共産主義者陰謀説です。

ゾルゲ率いる諜報組織が日本で暗躍していたのは誰も否定することの出来ない事実です。彼らが日本の対ソ戦を回避しようと躍起になっていたのも事実ですし、恐らく彼らの努力が無意味だったわけではないでしょう。彼らの影響を無視してしまっては、歴史の真実を見つめることが出来ません。しかし、彼らの謀略が全て成功し、その謀略のみが原因で日米が開戦に到ったというのも、少し短絡的な物の見方といえないでしょうか。

歴史とは様々な原因が複雑に絡み合って起こった出来事です。こうした複雑な原因を全て、一つの原因に求めようとするのは、無理があると考えるのが私の立場です。

次に挙げられるのが、日本の「暴発説」です。

こうした見解を表明している学者、作家は多いのですが、典型的なものでは、ベストセラー『昭和史』を上梓した半藤一利の見解があげられるでしょう。

「ここから大正、昭和になるのですが、自分たちは世界の堂々たる強国なのだ、強国の仲間に入れるのだ、と日本人はたいへんいい気になり、自惚れ、のぼせ、世界じゅうを相手にするような戦争をはじめ、明治の父祖が一生懸命つくった国を滅ぼしてしまう結果になる」

（半藤一利『昭和史』平凡社ライブラリー）

日清戦争、日露戦争に勝利した明治時代は偉大な時代であり、昭和に入り、日本は狂っていったという見解です。日本の近現代史は一貫して侵略の歴史であったという左翼の論理とは一線を画した議論です。

こうした半藤一利と同じような見解を表明しているのが、昭和の国民的作家・司馬遼太郎です。

司馬は次のように述べています。

「日本という国の森に、大正末年、昭和元年ぐらいから敗戦まで、魔法使いが杖をポンとたたいたのではないでしょうか。その森全体を魔法の森にしてしまった。発想された政策、戦略、あるいは国内の締めつけ、これらは全部変な、いびつなものでした。

この魔法はどこから来たのでしょうか。魔法の森からノモンハンが現れ、中国侵略も現れ、太平洋戦争も現れた。世界中の国々を相手に戦争をするということになりました」

（司馬遼太郎『「昭和」という国家』ＮＨＫブックス）

司馬が徹底的に批判して止まないのは「統帥権」を振り回して国家を混乱させた軍部の存在です。明治時代の日本人にあったリアリズムが欠如し、「統帥権」なる観念を振り回す軍人どもが跋扈した結果、「太平洋戦争」に到り、昭和二十年の八月十五日を迎えたというのです。

司馬や半藤が繰り返し主張するのは、昭和初期の日本人、とりわけ軍人の驕りであり、リアリティの欠如です。こうした連中が愚かで無謀な戦争を起こしてしまったというのが彼らの共通の認識です。

国力の差を物ともせず勝利した日清戦争、日露戦争を指導した明治の元勲が偉大な存在であるのは確かです。そして、大東亜戦争において日本が敗れたのも事実であり、敗北に到った戦争指導が愚劣なものであったのかもしれません。わざわざここでは取り上げませんが、兵站の問題等、日本軍の戦争計画が拙劣なものであったとの批判が数多いのも事実です。

しかし、いかに昭和の軍人が愚かな存在であったにせよ、彼らは何の理由もなく戦争を始めたのでしょうか。明治の元勲たちが成し遂げた近代日本の成功に酔いしれ、大義名分の一切立たない愚かで無謀な戦争を始めたのでしょうか。

司馬や半藤が歴史を知らないなどというつもりはありません。彼らの著作を繙《ひもと》けば、夥《おびただ》しい資料を読み込んだうえで執筆していることがわかります。敬意を表すべきでしょう。しかし、私にとってどうしても満足できないのは、何故、日本人が戦いを決断したのか、その理由を求めようとしない姿勢です。戦争の理由などどうでもよく、勝てばよいのだというのも、一つの立場です。しかし、何故我々の父祖が戦ったのかを検討することも重要な作業ではないでしょうか。

何故、私たちの父祖は戦ったのか。あるいは、何故、私たちの父祖はあの戦争を熱烈に支持したのか。

この問題に立ち返ってみると、我々は「人種差別」の問題を無視することが出来なくなるのです。

昭和天皇が語った人種差別

人種差別と大東亜戦争との関係を考える際に、極めて重要なのが昭和天皇の御指摘です。昭和天皇は、独白録の冒頭で、「大東亜戦争の原因」について次のように御指摘なさっております。

「この原因を尋ねれば、遠く第一次世界大戦后《ご》の平和条約の内容に伏在している。日本の主張した人種平等案は列国の容認する処とならず、黄白の差別感は依然残存し加州移民拒否の如きは日本国民を憤慨させるに充分なものである。又青島還附を強いられたこと亦然りである。かかる国民的憤慨を背景として一度、軍が立ち上った時に、之を抑へることは容易な業ではない」

（『昭和天皇独白録』文藝春秋）

昭和天皇は、大東亜戦争の遠因が、第一次世界大戦後の平和条約、すなわちヴェルサイユ条約の中に存在していることを指摘しています。そして、国際連盟設立の際に日本が主張して、アメリカ、イギリスによって退けられた「人種平等案」についても語っているのです。さらに、アメリカのカリフォルニア州における排日移民法の存在についても言及しているのです。

ここで昭和天皇が指摘しているのは、一言でいえば「人種差別」の問題です。昭和天皇は「人種差別」こそが大東亜戦争の遠因であったと指摘しているのです。

大東亜戦争と人種差別。

何故に、大東亜戦争が人種差別と深く関わっているのでしょうか。それは、大東亜戦争が、「人種平等」という理念を掲げた戦争であったからです。「侵略戦争」というイメージが先行する大東亜戦争ですが、当時の日本人が掲げた大義は「人種平等」の理念だったのです。本書ではこの問題を中心に取り上げ、日本人が大東亜戦争で掲げていた大義そのものを検討していきたいと思います。

改めてではありますが、日本人が明治維新を成し遂げ、日本の近代化を急いだ理由はどこにあったのでしょうか。

それは、日本を植民地にしてはならぬという強烈な愛国心からでした。当時、世界は帝国主義時代にありました。欧米列強は、アジア、アフリカのほとんどの国を植民地にし、非人道的で過酷な植民地支配を行っていました。後に詳細を検討することになりますが、文字通り血も涙もない残虐な支配が行われていたのです。

人間を肌の色で差別して、人間として扱わない。それが人種差別の構造です。同じ人間でありながら、対等の人間として扱われず、まるで劣った生物であるかのような扱いを受けるのです。

世界中で白人による有色人種に対する人種差別が行われていました。それが近代世界の悲しい側面でした。

世界のほとんどが白人たちに支配される中、独自の力で近代化を成し遂げ、独立国であり続ける。これが、近代日本の基本的な目的でした。

日本を絶対に植民地にしてはならないというのが、維新の志士たちの共通認識でした。福澤諭吉は「独立自尊」の重要性を指摘しましたが、まさに「独立自尊」とは、明治維新以降の近代日本を貫く精神に他ならなかったのです。日本を決して植民地にしてはならないという意識、逆にいえば、一度選択を誤れば植民地にされかねないという危機意識。大東亜戦争開戦に到るまで、多くの日本人は、そうした危機意識を抱いていたのです。

考えてみれば、明治維新とは、実に不思議な「革命」でした。通常の革命は、特権階級に対して、被支配者が立ち上がるものですが、明治維新では、自分たちが特権階級に所属する武士たちが、自分たちの特権を捨てるために敢行した奇妙な「革命」だったのです。

モーリス・パンゲは明治維新について、次のように的確な指摘をしています。

「日本の武家特権階級は他の階級の刃によって倒されるのではなかった。外国の圧力の前に、彼らはみずから革命のイニシアチブを取り、そのためにみずからを消すという代償を払う」

（モーリス・パンゲ『自死の日本史』講談社学術文庫）

武士たちが武士の特権階級を自ら擲《なげう》ち、まるで自己否定するかのように近代化に邁進していったのは、独立自尊の精神の発露以外のなにものでもありませんでした。

日本を植民地にしてはならない。

日本人が奴隷のように扱われるようなことがあってはならない。

我々の誇りを守るために多大な犠牲を払いながら、大急ぎで近代化を進めた。

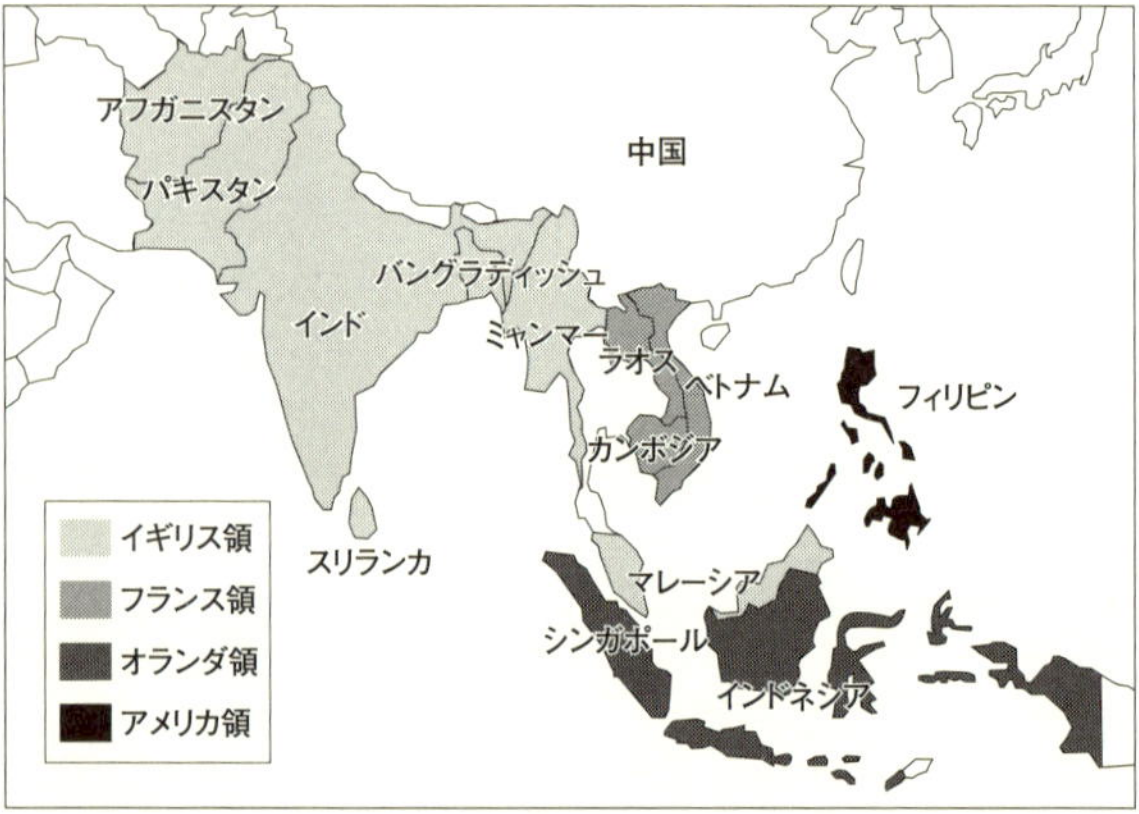

1941 年 12 月時点のアジアの植民地化状況。着色してはいないが中国は租界という形式でさまざまな国に事実上分割統治されていた

それが明治維新以降の日本の歩みでした。

アジアの独立国はタイと日本だけ

基本的に大東亜戦争直前のアジアの情勢も、明治維新の頃の状況と大差はありませんでした。何といっても、大東亜戦争勃発当時、アジアにおける独立国は、タイと日本のみでした。誤植ではありません。たった二か国のみが独立国であり、他は全て植民地にされていたのです。

インドはイギリスの植民地であり、ベトナムはフランスの植民地でした。インドネシアはオランダの植民地であり、フィリピンはアメリカの植民地でした。日本の周りには独立国家は存在せず、タイを除くアジアのすべての国々が植民地だったのです。

明治維新で近代化に成功して以来、植民地にならぬという強い決意を持って日本の指導者は国家運営に当たってきました。それは我々日本人が欧米列強に奴隷のように扱われるわけにはいかぬという強い自尊心があったからです。「奴隷の平和」を選ぼうなどという気持ちはありませんでした。従って、日本人は差別の問題に関して極めて敏感でした。

こうした日本人の自尊心を痛く傷つけたのが、アメリカにおける「排日運動」でした。文字通り、日本人に対する排斥運動です。日本が植民地になることはありませんでしたが、アメリカ大陸において黄色人種である日本人に対する差別がなくなることはなかったのです。日本人であるというだけで差別されたという経験は、日本人の自尊心を傷つけ、次第に日本人は「人種平等」の理念を掲げるようになりました。

勿論、その理念は矛盾を含むものでした。何しろ、日本自体が朝鮮半島を植民地とし、中国の一部を支配していたのです。朝鮮半島や中国で、日本人は朝鮮の人びと、中国の人びとを対等に扱っていたわけではありません。従って、本当は矛盾を抱えていたというのが正直なところなのですが、そうした矛盾を抱えながらも、日本人は「人種平等」の理念を唱えたのです。

後ほど詳しく説明しますが、世界で初めて国際会議の場で「人種平等」の理念を唱えたのは日本です。国際連盟の設立に先立ち、日本は全ての人種が平等であることを確認する条項を提案したのです。しかし、イギリス、アメリカの強硬な反対によって日本の人種平等の提案は拒絶されてしまいます。

次いで、日本人が人種平等の大義を掲げたのが大東亜戦争の際です。大東亜戦争の目的に関して外務大臣の重光葵《しげみつまもる》は次のように指摘しています。

「東洋の解放、建設、発展が日本の戦争目的である。亜細亜《アジア》は数千年の古き歴史を有する優秀民族の居住地域である。亜細亜が欧米に侵略せられた上に其植民地たる地位に甘んずる時機は已に過ぎ去つた」

（重光葵『重光葵　手記』中央公論社）

こうした理念を掲げた重光は、「大東亜会議」の開催、「大東亜共同宣言」の発表のために尽力します。

大東亜会議とは、昭和十八年秋に日本で開催された国際会議です。

主だった出席者は次の通りです。

大東亜会議に出席した各国首脳。左から、バー・モウ（ビルマ）、張景恵（満州国）、汪兆銘（中華民国）、東條英機（日本）、ワンワイタヤーコーン（タイ）、ホセ・ラウレル（フィリピン）、チャンドラ・ボース（自由インド仮政府）

バー・モウ首相（ビルマ）
張景恵総理（満州国）
汪兆銘院長（中華民国）
東條英機首相（日本）
ワンワイタヤコーン親王（タイ）
ラウレル大統領（フィリピン）
チャンドラ・ボース首班（自由インド仮政府）

アジア各国の指導者が一堂に会し、欧米列強の数百年に及ぶアジア侵略の罪を糾弾し、傲慢な植民地主義を打倒する大東亜戦争の世界史的意義について語りあったのです。

大東亜戦争の大義。それは長きにわたる植民地主義の打倒であり、人種平等の理念を貫徹することでした。

もちろん、大義名分の綺麗ごとだけで済まないのは当然のことです。他ならぬ日本自身が植民地支配を行ってきた当事国であり、武力制圧による解放というのも矛盾しているように思われます。そして何よりも、戦争をしてまで他国を「解放」しようなどというのが、思い上がりであり、傲慢さの表れかもしれません。

しかしながら、我々の父祖は、全く大義名分の立たない戦争を行ってきたわけではありません。様々な矛盾を抱えながらも、「人種平等」という理念を掲げた戦争を経験したのです。ナチス・ドイツがユダヤ人虐殺という「ジェノサイド」を国策の中心に据えて国家運営を行ってきたのに対し、日本は「人種平等」の理念を掲げてきたのです。

以下の章では、深刻な人種差別の歴史、過酷であった植民地支配を概観し、人種差別と戦ってきた近代日本の歩みを振り返っていきたいと思います。

第二章　世界侵略を正当化した人種差別思想

古代ギリシアの奴隷論

この章では、人種差別の具体的な歴史的事実を確認する前に、人種差別を擁護する思想・哲学・科学について指摘しておきます。驚くべきことに、人類は科学技術を発展させ、哲学的思索を深めながら、人種差別を擁護し続けてきたのです。

古代ギリシアの都市アテネは、民主主義揺籃《ようらん》の地として知られています。今から時を遡ること数千年、遥か古代に、ある種の民主主義体制が確立し、民主主義を巡る討議が為されていたという事実は驚嘆に値します。

古代ギリシアの哲学者プラトンは『国家』において、民主主義が時に衆愚政治に陥ることを発見し、民主主義の脆弱性を指摘していました。彼は民主主義から独裁者が生まれてくるのだという一見すると逆説的な真理を語っていたのですが、プラトンの警告は二十世紀のドイツでヒトラーが出現したことにより、現実のものとなりました。また、古代ギリシアの歴史家トゥキディデスは優れた歴史書『戦史』の中で、民主主義体制こそ生命を賭して守る価値のある政体だと説いたペリクレスの演説を書き記しています。善きにせよ悪しきにせよ、民主主義の起源は極めて古く、その可能性、是非について討議の起源もまた古くからのものです。

しかし、古代ギリシアの民主主義において全ての人間が平等に扱われていたわけではありません。古代ギリシアの民主主義とは、あくまで成人男子の市民の間における民主主義であり、女性や市民の資格を持たない男は政治に参画する権利が認められていませんでした。古代ギリシアには、市民の資格を持たない者、すなわち、奴隷が存在していたのです。現在の我々は、民主主義と奴隷制度とは水と油のように相反する関係のように思いがちですが、両者は必ずしも対立するものではありません。古代ギリシアでは民主主義と奴隷制度とが両立していたのです。そして、民主主義の善さ、危険が十分に論じられていたのと同様に、奴隷制度の擁護論が展開されていたのです。

プラトン（左）とアリストテレス（右）

奴隷制度を擁護した思想家として有名なのがアリストテレスです。アレクサンダー大王の家庭教師を務めたことでも有名なアリストテレスは、『ニコマコス倫理学』等の優れた著述を遺した大哲学者です。そのアリストテレスが、堂々と奴隷制度を擁護していたのです。彼は『政治学』において、人間を知性の有無によって区別し、知性を有さない人間を奴隷とすることを擁護しているのです。
アリストテレスは次のように指摘します。

「理をもってはいないが、それを解するくらいにはそれに関与している人間は自然によって奴隷である」
（アリストテレス『政治学』岩波文庫）

「自然によって或る人々は自由人であり、或る人々は奴隷であるということ、そして後者にとっては奴隷であることが有益なことでもあり、正しいことでもあるということは明らかである」
（前掲書）

「理をもってはいないが、それを解するくらいにはそれに関与している人間」とは、すこしまわりくどい表現ですが、要するに、自分の頭で考えることは出来ないが、他人の命令くらいは理解できる人間、といった程度の意味です。従ってこれは、十分な知性を備えていない人々のことを指しています。

アリストテレスは、知性の有無によって奴隷は存在して当然であると説き、生まれながらにして奴隷の存在と定められた人々が存在するとまで主張しているのです。さらに、知性を十分に有さぬ人間が奴隷であることを擁護するだけでなく、そうした人々は奴隷であった方が有益であるとまでいってのけているのです。

古代ギリシアの大哲学者アリストテレスのこうした奴隷擁護論は形を変えて、近代にまで影響を与え続けます。

アリストテレスの影響を受けたキリスト教神学者、セプールベダは、インディオに対する戦争は、正義の戦争であり、キリスト教徒が彼らを支配することは正しいと主張しました。

セプールベダは『第二のデモクラテス』という著作で次のように説いています。

「結局のところ、哲学者たちの考えでは、徳、知力、思慮分別に優れた立派な人間が自分より劣った人間を支配するのは自然本性からして正しく、また、双方にとり有益なことなのです」

「野蛮人に対する戦争は自然法に基づき、その目的は敗者に大きな利益をもたらすことにあります。すなわち、野蛮人はキリスト教徒から人間としての尊厳の価値を学び、徳の実践に慣れ、正しい教えと慈悲深い忠告を受けることにより、すすんでキリスト教を受け入れる心の準備をするようになるからです」

キリスト教を信奉する白人たちが、キリスト教を信じようともしない「野蛮人」たちに戦争を仕掛け、彼らを支配することは、彼ら「野蛮人」のためにもなるという極端な主張といわざるをえないでしょう。

近代ヨーロッパ人の有色人種奴隷論

アリストテレスは知性の有無によって人間を差別し、一方を主人に定め、他方を奴隷としました。近代において、主人と奴隷の境界線は知性の有無ではありませんでした。境界線は人種、より露骨に言えば、肌の色によってひかれたのです。フランス革命の「人権宣言」以後、平等の観念が広まりますが、これはあくまで同人種、よりはっきりいえば、白色人種にのみ適用される平等の観念でした。

白色人種は自然によって主人たるべく宿命づけられており、有色人種は自然によって奴隷たるべく宿命づけられている。そうした根拠のない愚昧な人種差別が白昼堂々と大手を振るって闊歩《かっぽ》する社会、それが近代社会の残酷な一面だったのです。

こうした人種差別の擁護は堂々と主張され、高い評価を受けてきたのです。今では悪名高いキプリングの「白人の重荷」という詩には次のように記されています。

「白人の荷を背負え、――君たちが育てた最良の息子を送れ
…（略）…
動揺した野蛮な民の世話をやくためだ――
君たちが新たに捕まえた、無愛想な
なかば悪魔で、なかば子供のような連中だ。…（略）…
単純明瞭な言葉で
百遍も噛みくだいてわからせるのだ、
他人の利益を求め、
他人のために働いているのだということを」
（キプリング「白人の重荷」翻訳は平川祐弘氏のもの。平川祐弘『和魂洋才の系譜』平凡社）

余りに傲慢で、読むだけで不快な文章ですが、白人の驕慢を知るうえで有益な詩だといってよいでしょう。キプリングによれば、白人が世界を制覇するのは、白人たちの利益のためではありません。「野蛮な民」、すなわち白人ならざる人種の人々の世話を焼くためなのです。本来であれば、接触などしたくない野蛮な民を文明化し、教化するのが「白人の重荷」に他ならないと謳《うた》い上げているのです。

こうした驕慢で聞くに堪えない主張は、何も文学的なものばかりではありませんでした。こうした優越意識と非・ヨーロッパ文明に対する傲岸な差別意識から、フランスの首相を務めたジュール・フェリーは次のように述べています。

「繰り返し申し上げますが、優等人種には（武力によって植民地化するという）一つの権利があるのです。なぜなら優等人種には一つの義務があるからです。すなわち劣等人種を文明化するという義務です」（括弧内引用者）

政府の要人が、人種差別を前提として、自分たちの政策について語っているのです。この時代、肌の色による差別は決定的なものであり、それはほとんど「常識」に等しいものでした。彼らは、ヨーロッパ文明を普遍的な文明だととらえ、世界中の他の文明を遅れた、野蛮な文明だと決めつけたのです。そして、そうした未開の野蛮人どもを善導してやるのがヨーロッパ人の責務だとまで公言していたのです。実際には、白人たちは他文明の諸国に言いがかりをつけ、侵略し、植民地化によって搾取していたにもかかわらず、こうした残虐な行為を擁護するために、「文明化」という大義名分を用意したのです。

サッチャー首相の発言

現在では、残虐な植民地支配のことを「未開な野蛮人に対する文明化に過ぎない」などと堂々と主張する人は少ないでしょう。しかし、そのような「文明化」に対する自負のような発言が現在でもなされています。

偉大な英国の首相サッチャーは自らの半生を綴った回顧録の中で次のように書いています。

「私の家族も、ほかの多くの家族と同じように、大英帝国を大いに誇りにしていた。われわれが教えなければ、法も、よい行政も、秩序も知らなかったような土地に、これらのものをもたらしたのだと感じていた。私は、遠い国々や大陸、そしてこうした土地にわれわれイギリス人が与えることのできる利益について、すっかり魅せられていた。子供のころ、中央アメリカで未開の部族と過ごしたメソジストの宣教師から、彼が書き方を教えるまで書くことを知らなかった部族民の話を聞いて、感心したことがある」

（サッチャー『サッチャー　私の半生』日本経済新聞社）

ここでサッチャーが思い返しているのは、彼女の本音でしょう。恐らく嘘はないはずです。本気で、未開の部族を文明化、啓蒙したイギリス人の物語に陶酔しているのでしょう。しかし、よく考えてみれば、文字を書くことが、文明の優れている証拠にはなりません。文字をもたない文明が劣っているなどと決めつける根拠などありはしないのです。人間はそれぞれの文明の中で、平和で穏やかに暮らしていれば幸せなのであり、わざわざ暴力を伴いながら、侵略し、「啓蒙」、「文明化」してもらう必要などないのです。恐らく、侵略された多くの人々からすれば、それは「余計なお世話」以外のなにものでもないのです。「法」や「よい行政」、「秩序」を与えたと誇っていますが、彼らには彼らなりの秩序があり、それを欧米人が理解できなかっただけの話でしょう。どちらの文明が優れているとはいえないのです。欧米人が「野蛮人」だと捉える、未開部族の人々の思考方法を研究した人類学者のレヴィ・ストロースは次のように指摘しています。

「われわれが、野蛮人はもっぱら生理的経済的欲求に支配されていると思い込む過ちを犯すとき、われわれは、野蛮人の方も同じ批判をわれわれに向けていることや、また野蛮人にとっては彼らの知識欲の方がわれわれの知識欲より均衡のとれたものだと思われていることに注意していない」

（レヴィ・ストロース『野生の思考』みすず書房）

誰しも自分たちの文明が優れていると思いがちですが、それは単なる思いこみに過ぎないのです。劣った文明圏で暮らしていると決めつけられた人々もまた、自分たちの文明が優れていると感じ、逆に、相手の文明を劣っていると考えるのです。

絶対的、客観的に優れた文明など想定できないというのは、当たり前の話ではないでしょうか。結局のところ、ヨーロッパ文明が優れていたというよりも、その発明した武器が他の文明を圧倒していたということに尽きるのだと思います。

果たして大量殺戮を可能にする兵器を作りだすことが文明的な営みなのか。大量殺戮こそ野蛮だと見做《みな》す人々の方が文明的なのか。我々はもう少し考えてみるべきでしょう。

さて、実際にアフリカの奴隷貿易に関与した人々も様々な手記を残していますが、その中には、現在では到底考えられないような差別意識、他民族に対する蔑視が明らかにされています。幾つか紹介しておきましょう。

オランダの商人で奴隷貿易に関与していたウィリアム・ボスマンは次のように指摘しています。

「最初にいっておこう。黒人は十人が十人までずるがしこく、卑怯で、詐欺師である。めったなことでは信用できない。機会があればいつでもヨーロッパ人をだます。…（略）…黒人というのは悪人に生まれ育ったのかとも思える」

アフリカで仕事に従事した外科医のジェイムズ・フーストンはこう述べています。

「一言ですまそう。かれらの気性は生まれつきひどく残忍で、身勝手で、嘘つきであり、かれらの統治のあり方はおなじように野蛮で文明化されていない。…（略）…彼らの習慣は同じこの地で仲良く暮らしている生き物にそっくりである。つまり猿だ」

黒人は卑怯で詐欺師、悪人、そして一言で言えば、「猿」である。

何ともいいようのない偏見ですが、人間を人間として扱わない彼らの残虐な偏見が明らかにされた言葉だといってよいでしょう。

実際に、彼らは、黒人をはじめとする有色人種を、劣等人種として扱い、人間よりも猿に近い存在として、残虐に扱い続けてきたのです。こうした偏見に基づいた侵略と植民地政策が世界中を席巻していたのは、恐るべき事実だといわねばなりません。

人種差別は科学的真理と捉えられていた

我々は人種差別を肯定するために科学が駆使された事実も見逃してはならないでしょう。我々は「科学」を客観的で中立的な真理を追求する営みだと考えがちですが、必ずしもそうではありません。世界史を眺めてみると、ある特定のイデオロギーを強化するために客観的な装いを凝らした「科学」が利用されることが多いことに気づきます。

『国家と人種偏見』という労作において、ポール・ゴードン・ローレンは、人種差別を科学的に擁護した人々を列挙しているので、その一部を紹介しておきます。

二名法として知られる分類方法を自然科学に導入したことで知られるスウェーデンの博物学者リンネは、『自然の体系』の「人類分類表」において、アフリカ人を「奇形」と称する範疇に区分し、人間の最下位に置き、アフリカ人はずるく、怠惰できまぐれであると記述しています。人類学の創始者とされるドイツの生理学者ヨハン・フリードリッヒ・ブルメンバッハは『人類の自然変種について』という著作において、黒色人種、黄色人種、褐色人種は、すべて本来の白色人種が退化したものだと論じています。同様に、オランダの解剖学者ベーテル・カンペルは「顔面角」の理論なるものを提唱し、最下部に類人猿とアフリカ人を置き、アジア人、白人の順に上下関係を「頭蓋骨の階層的配置」と呼んだのです。

他にも、イギリスのロバート・ノックスは『人類の種族』において全ての有色人種、とりわけ黒人に対する白人の優位は科学的根拠があると主張していましたし、ジョサイア・ノットは『人間の形態』において、白人の優越を主張し、外観の異なる人種が分離創造されたと説きました。ルイ・アガシは、ノットの学説を支持し、異人種を平等に扱うことが生物学的、科学的に誤りであるとすら主張しました。

人種差別を科学が後押しする。「人種差別」を公的に擁護することが憚《はばか》られる現代人の常識からすれば信じがたい光景ですが、長きにわたってこうした時代が続いていたことを忘れてはなりません。

人種差別を肯定したのは、科学者だけではありません。人々の自由や民主主義を擁護していたはずの近代の啓蒙思想家たちも、堂々と人種差別を肯定する言説を展開していたのです。国家において「司法」、「行政」、「立法」の三つの部分を分立させるべきだという、いわゆる「三権分立」を提唱したモンテスキューという思想家がいます。彼は、優れた政治思想家であると同時に、極端な差別主義者でした。彼の主著である『法の精神』には、黒人差別が当然であるという主張が堂々となされています。

驚くような記述ですが、引用してみましょう。

「現に問題となっている連中は、足の先から頭まで真黒である。そして、彼らは、同情してやるのもほとんど不可能なほどぺしゃんこの鼻の持主である。

極めて英明なる存在である神が、こんなにも真黒な肉体のうちに、魂を、それも善良なる魂を宿らせた、という考えに同調することはできない。

人間性の本質を形成するものは色であるという考え方は非常に自然であり…（略）…」

（モンテスキュー『法の精神』岩波文庫）

「黒人が常識をもっていないことの証明は、文明化された諸国民のもとであんなに大きな重要性をもっている金よりも、ガラス製の首飾りを珍重するところに示されている。

われわれがこうした連中を人間であると想定するようなことは不可能である。なぜなら、われわれが彼らを人間だと想像するようなことをすれば、人はだんだんわれわれ自身もキ

リスト教徒ではないと思うようになってくるであろうから」（前掲書）

モンテスキューは肌の色によって人間を差別するのは当然だと論じ、自分たちの信じる神が黒人たちに善良な魂を宿らせたはずはないと断じ、彼らを「人間」だと「想像」することすら出来ないと述べているのです。

自国民の間で自由や民主主義の重要性を説いていた啓蒙思想家たちも、そうした「人権」意識は黒人にまでは及ぶものではありませんでした。何故なら、彼らは黒人を同じ人間だと認識していないからです。

モンテスキューだけが特別に人種差別主義的な思想家だったわけではありません。偉大なる哲学者ヘーゲルも、現在の我々からしたら、到底受け入れることの出来ない人種差別意識の持主でした。

ヘーゲルは黒人について次のように語っています。

「黒人は道徳感情がまったく希薄で、むしろ全然ないといってよく、両親が子どもを売ったり、反対に子どもが両親を売ったりする。……（略）……黒人の一夫多妻制は、しばしば、子どもをたくさんつくって、つぎつぎと奴隷に売りとばすという目的をもっていて、ロンドンの黒人がつぶやいたという、自分の親族全員を売ってしまったため貧乏になった、という素朴ななげきは、めずらしいものではありません。人間を軽蔑する黒人のあいだでは、死の軽蔑よりも、生が尊重されないところに特徴がある」

（ヘーゲル『歴史哲学講義』岩波文庫）

自分たちヨーロッパ人が、黒人を残虐に取り扱っていることには全く触れず、黒人が劣っているから勝手に奴隷売買が成立しているかのような言い草ですが、これはあまりに身勝手な言い方です。黒人の中に、自分たちの同胞を売り渡す人々が存在したのは事実ですが、そうした人々を利用し、残虐なる奴隷制度というシステムを構築していたのは、紛れもなくヨーロッパの人々だったのです。彼ら白人こそがアフリカで黒人奴隷を購入し、家畜のような扱いで船に乗せ、アメリカ大陸で強制労働に従事させたのです。彼らは黒人を人としてではなく、まさしく家畜として扱いました。「黒人には道徳感情がまったく希薄」などという主張は噴飯ものの主張だといわざるをえないでしょう。一体、どちらの道徳感情が希薄だったのでしょうか。

――劣った人間は優秀な人間に仕えるのが自然の摂理であり、奴隷の存在は民主主義と矛盾するものでない。

こうしたアリストテレスの奴隷擁護の思想が近代においても形を変えて生き続けたのです。人間の優劣は人種で定められているという偏見が、科学者の手によって科学的な真理にまで高められ、啓蒙思想家によっても支持されてきたのです。科学、哲学によって優劣が定められたとされれば、多くの人々は人種差別をすることに罪の意識を感じなくなります。いな、罪の意識を感じないどころの話ではないでしょう。科学的、哲学的に違う生き物であり、自然によって自分たちよりも劣った序列に定められているという異人種を平等に扱うことが愚かな行為のようにすら思えてくるはずです。

現在でも人種差別の問題は根深いのが現実です。残念ながら、隠れた形での人種差別は根絶しきれていません。しかし、白昼堂々と人種差別を擁護する鉄面皮は影をひそめています。人種差別を肯定する世の中の常識が変化し、形式的ではありますが、多くの人々が「人種平等」という建前を尊重することになったのは、遠い過去のことではありません。大東亜戦争が勃発した当時、多くの国々が「人種平等」の理念など一笑に付しましたし、人種による差別は当然のものとして多くの人々に受け入れられていたのです。

人々が常識として受け入れてきた人種差別は余りに残酷なものでした。

第三章　アフリカ、インカ、アメリカの悲劇

アフリカの奴隷貿易

世界地図でアフリカ大陸を眺めていると、他の地域とは明らかに異なった特徴があることに気づきます。国境線が直線で余りに綺麗に区切られているのです。国境という考え方そのものが近代以降の考え方なのですが、多くの国々では、その歴史的経緯、民族分布などが配慮され、複雑に入り組んだ国境となっています。ところが、アフリカ大陸の諸国では、余りに綺麗な直線が目につきます。

何故、アフリカだけがこれほど、綺麗な直線で区切られているのでしょうか。

実はここにアフリカの悲劇があります。

現在の国境は、アフリカの人々が自分たちで定めた国境ではありません。アフリカを植民地とした人々にとって都合のいいようにひかれた国境なのです。アフリカを植民地化したヨーロッパ諸国のアフリカ分割にとって都合のいいように国境がひかれているのです。ですから、アフリカでは国境の決定に際して歴史的経緯、使用されている言語、民族分布などが全く考慮されていません。直線で美しい国境の背景には、恐るべき西洋諸国の植民地支配が存在しているのです。

西洋諸国とアフリカとのつきあいは、奴隷貿易から始まります。奴隷貿易を開始したのは、ポルトガルでした。

「大航海時代」の先駆けとなったエンリケ航海王子は、西アフリカの海岸地方に探検隊を派遣しました。自分自身が船に乗ることはありませんでしたが、「航海王子」と呼ばれる程、エンリケが航海に夢中になっていた理由を知るためには、当時の国際情勢を押さえておかなければなりません。当時は、イスラム諸国の力が大きく、ヨーロッパの人々は、イスラム圏を通行することなく、アジアの香辛料を手に入れたいと願っていました。そのため、イスラム勢力圏を通らずに、インドへの道を目指す航路を発見すべく、エンリケは航海に夢中になっていたのです。

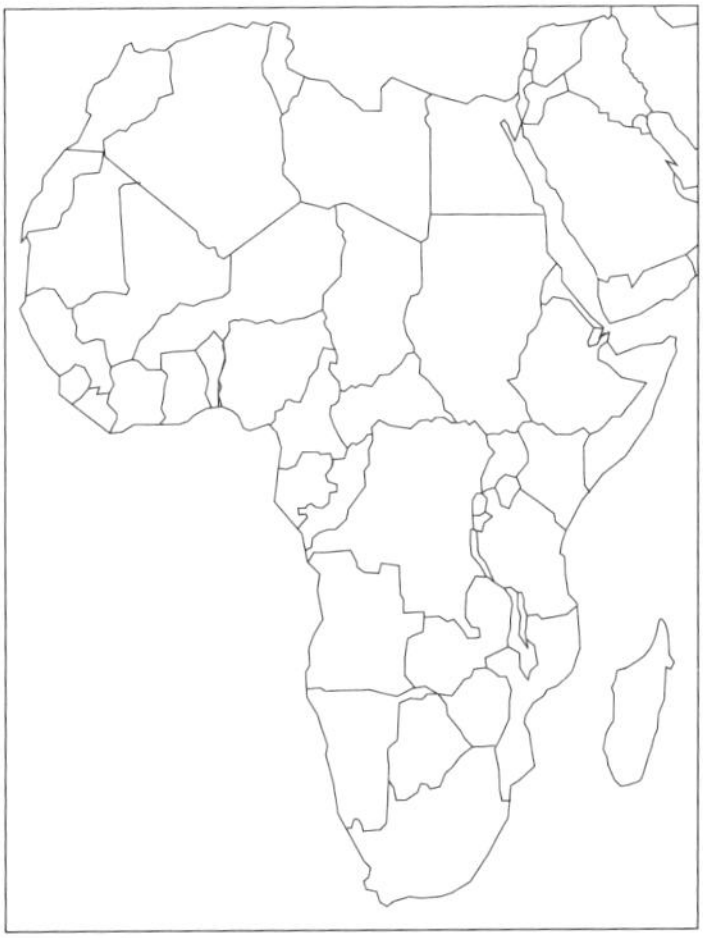
直線で区切られている部分が目につくアフリカの国境

アフリカ大陸の人々にとっては、ここから長い不幸な時代が始まることになります。

一四四一年、アンタム・ゴンサルヴェ

スがモーリタニア北部の海岸に達し、ここで現地のベルベル系住民を捕えて、本国に連れて帰ります。これが、暗黒の奴隷貿易の先駆けとなります。当初、貴婦人が黒人の少年をペットとして飼育するなど、現在では考えられないようなことが行われていましたが、ヨーロッパ大陸では、奴隷の「労働力」には、あまり注目が払われていませんでした。高価な奴隷を購入するよりも、安価な労働力が身近に存在していたからです。

アフリカの黒人奴隷の需要が一気に高まるのは、アメリカ大陸、大西洋諸島の発見とともに開発が進んだためです。当時のヨーロッパでは、飲茶の風習が広がり、大量の砂糖が必要とされました。この砂糖栽培のために、アメリカ大陸、大西洋諸島では巨大な農場（プランテーション）が作られました。このプランテーションにおける恒常的な労働力の欠乏をまかなうために、アフリカの黒人奴隷が注目されたのです。

ヨーロッパ人は直接、アフリカ人を捕えるのではなく、現地の有力者と手を結び、自分たち自身は手を汚すことなく奴隷を手に入れました。当初、奴隷とされていたのは、罪を犯した重罪人でした。当時のアフリカでは、重罪人は奴隷にされて罪を償うという文化が存在していました。しかし、アメリカ大陸、大西洋諸島のプランテーションで大量の労働力が必要とされるようになると、一気に奴隷の需要が高まり、重罪人だけでは到底まかないきれなくなってきます。そこで、現地の奴隷商人たちは、ヨーロッパ商人から手に入れた銃などの兵

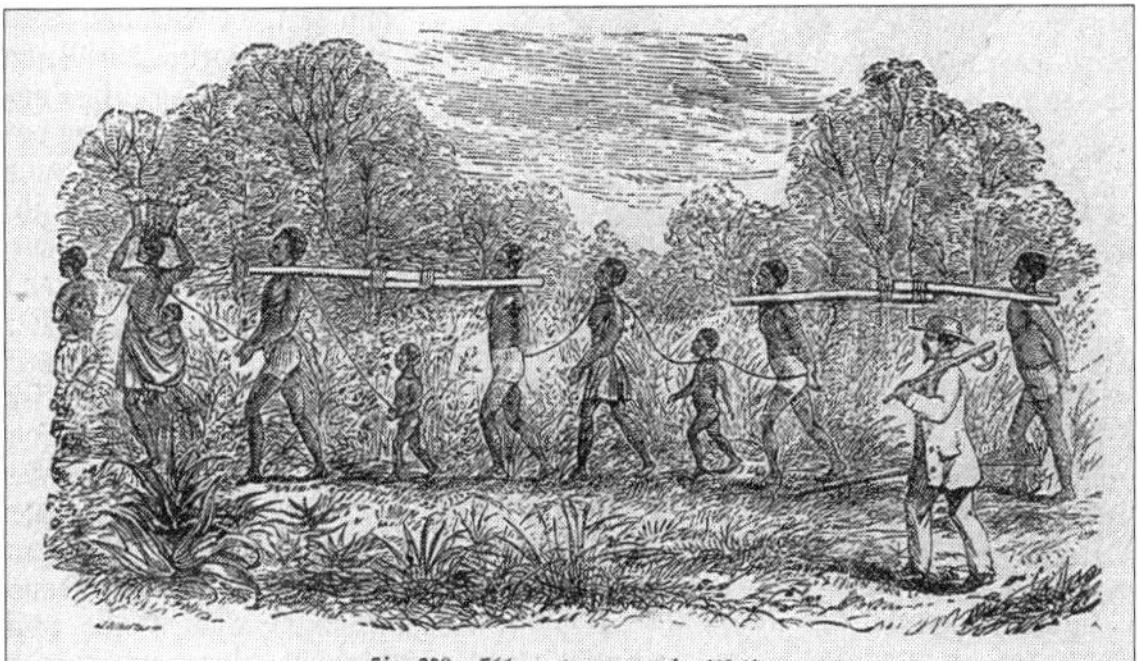

Fig. 228. Sklaventransport in Afrika.

奴隷狩りの様子

器を活用し、アフリカ内陸部の村々を襲撃します。襲撃し、捕虜となったものを奴隷として、ヨーロッパの商人たちに売り渡したのです。捕えられた人々は、ヨーロッパ人の住む海岸部の砦まで数珠つなぎにされて移送されます。そして、この砦で売買契約が交わされ、奴隷船に積み込まれるのです。すし詰め状態にされたまま、奴隷船は、大西洋を越え、アメリカ大陸に向かいます。奴隷商人たちは残虐で、奴隷としての商品価値のないとされた黒人たちを次々と殺戮しました。彼らにとって、黒人奴隷とは、人間ではなく、商品でしかなかったのです。従って、売れない商品を抱え込んで、その維持費をかけるよりは、商品を廃棄してしまえばよいと考えていたのです。

人間を人間として扱わない。これが、アフリカの黒人奴隷制度の原点です。

アメリカにおける黒人差別

アメリカにおいて奴隷制度が廃止されるのは、南北戦争以降ですが、これは一八六五年以降、すなわち明治維新の直前です。明治維新で日本が近代化を進めようというときに、ようやくアメリカでは奴隷制度が廃止されたのです。

しかし、奴隷制度がなくなったことは、黒人に対する差別がなくなったことを意味しているわけではありません。

堂々と次のような主張をする人物が存在していました。

「私は、白人種と黒人種の社会的、政治的平等を実現させようとしていないし、これまでしてきたこともない。黒人を有権者や陪審員にしたり、公務に就かせたり、白人と結婚させたりするつもりはないし、これまでもそうしてこなかった。…（略）…私の意見では、両人種が手を携えて社会的、政治的平等を享受することはできない。だからこそ、両人種が共に暮らす限り、上位と下位という二つの立場が生まれ、皆と等しく、私も白人が上位を占めることを支持している」

白人と黒人は平等ではありえない。黒人は政治参加もすべきではないし、白人との結婚もありえない。両者は対等ではなく、白人が上位にあって、黒人は下位にある。

露骨な人種差別発言と言ってよいでしょうが、誰もがこの発言者の名前を聞いて驚くはずです。これは、他の誰でもないリンカーンの言葉なのです。リンカーンは「奴隷解放の父」とも呼ばれる大統領ですが、彼自身は、決して黒人を白人と平等と見做していたわけではないのです。南北戦争を戦い抜き、「奴隷解放宣言」を出したリンカーンですが、彼自身は露骨な人種差別主義者だったのです。彼は奴隷制度そのものには反対していましたが、黒人蔑視という点では他のアメリカ人とかわらなかったのです。

アメリカにおける黒人に対する差別は、大東亜戦争後にも続いていました。

奴隷解放の父と呼ばれるリンカーン

一九五五年、アラバマ州のモントゴメリーで、黒人女性であるローザ・パークスが公営バスの「白人専用及び優先座席」に座りました。運転手が白人の客に席を譲るように指示しましたが、パークスはこれを拒絶しました。この拒絶が法律違反にあたるということで、何とパークスは逮捕され、罰金刑に処せられてしまうのです。この事件をきっかけとして、キング牧師をはじめ、人種差別に反対する人々がバスの利用をボイコットする運動を展開します。これがアメリカの公民権運動へと展開していくのです。

これは、戦後の話です。日本を全体主義国家と非難し、「民主主義」の国家アメリカなどと喧伝していましたが、アメリカが黒人差別を堂々と行う国家であったことは記憶されて然るべきでしょう。

さて、話をアフリカに戻しましょう。

世界中で、奴隷制度が廃止されていきますが、アフリカの人々の生活は一向に改善されませんでした。当初は、アフリカ大陸そのものに興味、関心を示さず、奴隷売買にのみ熱心だったヨーロッパ諸国が、競ってアフリカ大陸を植民地化し始めたからです。

彼らのパターンは常に同じでした。探検家、キリスト教の宣教師たちが、ある国家からの支援を受けて、アフリカ大陸を訪れます。彼らは海岸付近に住み、奴隷売買をおこなっていた奴隷商人とは異なり、積極的にアフリカ大陸の内陸部に入り込んでいきました。内陸の町や村で、首長や族長、長老といった有力者に出会うと資金援助をしてくれた国家の国旗を渡し、ガラス玉、金属をプレゼントし、その国家の保護を受けるように勧めるのです。うっかりと「保護を受ける」と応えると、その地域における主権は、その国家に譲渡されたことになり、その国家の主権の下の保護を受けたことにされてしまうのです。また、逆に、こうした提案を拒絶すると、圧倒的な武力によって、襲撃を受けることになるのです。ヨーロッパ諸国は、巧みに民族間の抗争を煽り、アフリカの人々が一致団結できぬように図りながら、次々と植民地化していきました。

植民地化された地域では、自分たちの歴史、伝統、文化が全て劣ったものであり、唯一の尺度はヨーロッパの近代化であるとの教育が施されました。黒人たちはアフリカ大陸という呪われた地に住む憐れむべき人々と位置づけられ、彼らの誇りは奪われました。

本来、恥ずべきは、自分たちの利益のために、他人を欺き、時に暴力の行使も厭《いと》わないといった野蛮な行為に手を染めた人々のはずですが、彼らは、自らの価値観を疑おうともせず、アフリカの人々から搾取し続けたのです。

自分たちの商売に都合のいい農産物の栽培を強制した強制栽培制度、白人の入植者には無税としながら、現地の住民には重税を課す。アフリカの人々の中で経済的に成功しそうな人々が出てくると、様々な言いがかりをつけて妨害する。

これら数々の無法な行いによって、ヨーロッパ人はアフリカの数多くの人々の生命を奪い、名誉を奪い、経済的に搾取し続けたのです。

現在でも、アフリカでは民族問題が絶えません。これは、ヨーロッパ諸国が、自分たちにとって都合のいい国境を定め、現地の状況を一切考慮しようとしなかったためです。アフリカの抱える難問の多くは、自己中心的なヨーロッパ人による植民地支配の残滓に他ならないのです。

インカ帝国、断末魔の声

マチュピチュ。

アンデス山脈に連なるウルバンバ渓谷の山間、静謐な山の頂に築かれた「空中都市」は、多くの人々を魅了してやみません。山の頂上に築かれた堅牢な石製建造物群は確かに驚嘆に値しますし、何よりも美しいものです。吸い込まれるような青空、草木の新緑、そして神秘的な建造物。何とも形容しがたく、犯しがたい気品に満ちた絶景といってよいでしょう。一度は訪れてみたいと願う人々が世界中に存在しているのは当然だともいえます。

しかし、この神秘的なマチュピチュを作り上げたインカ帝国、インカ文明の盛衰の歴史を知る人は少ないのではないでしょうか。マチュピチュの南東に位置するクスコに首都を置いたインカ帝国は、南米大陸の太平洋沿岸部を制した巨大な帝国であり、一つの特異な文明を築き上げていました。その文明を「特異な」と形容したのは、私自身の思い付きではありません。驚くべきことに、インカ帝国には「文字」、「鉄」、「車輪」が存在していなかったのです。我々の一般的な通念からすれば、「文字」、「鉄」、「車輪」を持たない国家が高度な文明を築き上げるのは困難なことです。しかし、インカ帝国は自らの力でマチュピチュのような壮麗かつ堅牢な石製建造物を築き上げていたのです。

思いつくままに何点かインカ帝国の興味深い点を列挙してみることにしましょう。

インカの民は太陽神インティを崇拝し、インカ皇帝をインティの子孫と信じていました。すなわち、インカ皇帝とは民を統べる王であり、民の平安を祈る王でもあったのです。宗教の式典の際には、トウモロコシから作られた「チチャ」という酒が神に捧げられていたといいます。また、「インカ道」と呼ばれた道路網も興味深いものです。帝国内のありとあらゆる場所に首都であるクスコにいたる「インカ道」が敷設されていたのです。要所には「タンポ」と呼ばれる宿駅も設置されており、インカ皇帝の命令は、直ちに帝国内全土に布告されることになっていました。インカ帝国は野蛮な国家などではなく極めて独特で、高度な文明を誇った帝国だったのです。

スペインの征服者ピサロ（左）とインカ帝国の皇帝アタワルパ（右）

隆盛を誇ったインカ帝国の滅亡は突然おとずれます。

西暦一五三〇年頃、インカ帝国は内乱状態に陥っていました。第十一代インカ皇帝ワイナ・カパックの死後、皇位継承をめぐって、ワスカルとアタワルパの二人の王子が争っていたのです。結局アタワルパがワスカルを制し、第十二代インカ皇帝に就任します。ちょうどこの頃、インカ帝国には招かれざる客人たちが到来していました。フランシスコ・ピサロの率いるスペイン人たちです。

一五三二年十月十六日、アタワルパはピサロと会見するためにカハマルカに到着します。ピサロは総勢二百名に満たない手勢のみを率いていましたが、事前に周到な罠を仕掛けていました。すなわち、カハマルカの広場

カハマルカの戦い。右上に描かれているのがアタワルパ

付近に銃を装備し、戦闘準備の整った部下を潜ませていたのです。罠の存在など露知らずアタワルパはピサロとの会見に臨みます。このとき、突如、ドミニコ会士バルベルデが、通訳を介して、キリスト教への帰依とスペイン王権への服従とをアタワルパに勧告します。このときバルベルデは一冊のキリスト教の書物をアタワルパに差し出しました。突然の無礼極まりない勧告に対し、アタワルパは峻拒し、書物を投げ出します。このときにアタワルパが書物を投げ出したのは、無礼極まりない突然の勧告に怒ったからなのでしょうが、その他にも理由があったといいます。それはピサロとの会見に先立って行われたスペイン人の謁見の際の彼らの無礼な態度です。スペイン人たちはアタワルパが差し出した盃

を投げ捨て、なみなみと注がれていたチチャが宙に飛び散ったのです。アタワルパは自らの差し出した盃を投げ捨てられたことに屈辱を感じていたのだといいます。

さて、キリスト教徒に改宗することも、スペイン王権に服従することも潔しとしなかったアタワルパに対し、スペイン人たちが躍りかかります。ピサロが潜ませておいた兵士たちが発砲し、騎兵がインカ兵に突撃を敢行したのです。あまりに突然の攻撃に対し、アタワルパ率いるインカ兵たちは為す術もありませんでした。突然の攻撃に狼狽した兵士たちは潰走し、アタワルパ自身は捕えられてしまいます。

囚われの身となったアタワルパに対し、ピサロは莫大な身代金を要求します。身代金を求められたアタワルパは、全国の配下たちに金銀の拠出を命じ、たちどころに金銀がアタワルパの下に届けられます。アタワルパやインカ帝国の人びとは、スペイン人たちが余りに金銀に執着する様を眺め、理解に苦しんだといいます。彼らは、スペイン人たちが何故にさほどに金銀に執着するのかがわからなかったのです。インカの民の間では「白人は金を食料にしている」との噂まで囁かれたといいます。

脅迫にも等しいスペイン人の身代金の要求に対し、アタワルパは金銀を以て応えました。しかし、ピサロたちはこうしたアタワルパの反応に、誠実に応えようとはしなかったのです。アタワルパがスペイン人に対する謀反を企んでいると決めつけ、アタワルパを処刑してしまうのです。無論、アタワルパは謀反など全く企画していなかったのは、いうまでもありません。そもそも、謀反も何も、インカ帝国はそもそもアタワルパの統治している帝国であり、インカ帝国の皇帝がスペイン人に「謀反を起こしている」などと決めつけることの方が異常です。しかし、スペイン人たちは、全くの虚偽からなる「反逆罪」を捏造し、一帝国の皇帝を殺害したのです。

アタワルパの死後、インカ帝国の統治を円滑に行うため、ピサロは傀儡政権を設置します。第十一代皇帝ワイナ・カパックの息子マンコ・インカをインカ皇帝として即位させたのです。傀儡皇帝であったマンコ・インカは、何度となくスペイン人に裏切られることになります。スペイン人たちは、マンコ・インカに「反逆罪」などの罪を着せ、彼を拉致し、莫大な金銀を要求したのです。

マンコ・インカの息子、ティトゥ・クシ・ユパンギはその著『インカの反乱』において、彼の父の言葉を記しています。

あるとき、マンコ・インカがスペイン人に向かって語りかけた言葉です。

「私は心から君たちに好意を寄せ、友人になりたいと願って数々の親切をしてきたのに、君たちはそれをすっかり忘れ去り、わずかばかりの銀のために私の願いを無視し、挙句の果て、君たちの飼っている犬に対するよりも酷い仕打ちを加えたのだ。…（略）…結局、銀を欲するあまり、君たちは私と私の国のすべての人びとの友情を失い、一方、私や私の部下は君たちの執拗な責め立てや甚だしい欲望のために宝石や財産を失った」

（ティトゥ・クシ・ユパンギ『インカの反乱』岩波文庫）

結局、マンコ・インカは、自らがもてなした七人のスペイン人の客人の罠に嵌められ、殺害されてしまいます。ビトコスという村にある館で、彼がスペイン人とともに鉄輪投げの遊びに興じていると、突如スペイン人は凶器を取り出し、マンコ・インカに襲いかかったのです。斬りつけられたマンコ・インカは死に至る怪我を負うことになります。この後、彼が息子を前にして遺した言葉も『インカの反乱』には記録されています。

「何があっても、決してあの連中の言うことを信じてはならない。この命令を守れば、私にふりかかったような災難を受けずにすむだろう。たとえ連中が言葉巧みに言い寄ってきても、決して彼らをここへ入れてはならない。私は彼らの甘言に騙された。だから、もし連中の話を信じれば、同じように、お前も欺かれるだろう」

（ユパンギ　前掲書）

インカ帝国の皇帝は、スペイン人たちの襲来により、権力を失い、国家を失うことになるのです。

スペイン人たちの犯罪行為は、当然のことながら、インカ帝国の支配者に対するものばかりではありませんでした。彼らはインカ帝国の住民から徹底的に搾取し、虐待し、殺戮したのです。

インディオの保護者とも呼ばれるラス・カサス

「極悪非道」としか形容の出来ないスペイン人の犯罪を記し続けた一人の聖職者がいました。その名をラス・カサスといいます。従軍司祭として戦に参加したラス・カサスは、スペイン人のインディオに対する過酷な扱いを目の当たりにします。そのとき、彼は、激しい良心の呵責を感じるようになったのです。彼はインディオに関する幾つもの著作を遺していますが、その中でも最も有名なのが『インディアスの破壊についての簡潔な報告』です。本書は極めて簡潔な報告ですが、その叙述にはラス・カサスの激しい憤りが含まれています。本書からは、傍若無人なスペイン人に虐げられたインディオの嘆き、義憤に駆られたラス・カサスの情熱的な訴えが聞こえてきます。

キリスト者であるラス・カサスは、キリスト教徒に関しても激しい批判の声をあげています。

「この四〇年間にキリスト教徒たちの暴虐的で極悪無慙な所業のために男女、子供合わせて一二〇〇万人以上の人が残虐非道にも殺されたのはまったく確かなことである。それどころか、私は、一五〇〇〇万人以上のインディオが犠牲になったと言っても、真実間違いではないと思う」

（ラス・カサス『インディアスの破壊についての簡潔な報告』岩波文庫）

「実際、キリスト教徒たちはこの人たちを畜生にも劣るとみなし、粗末に扱ってきた（もし彼らがこの人たちを畜生とみなし、扱っていたら、まだましであったであろう）。それどころか、彼らはこの人たちを広場に落ちている糞か、それ以下のものとしか考えていなかった」

（ラス・カサス　前掲書）

「畜生」以下の「広場に落ちている糞」として扱われたインディオたちの悲惨な真実、逆に言えば、スペイン人たちの為した余りに残虐な行い、これらが生々しく列挙されている本書を読むのは実に陰鬱な作業です。正直にいえば、本書は、読んでいるのが辛くなってしまうような叙述ばかりで埋め尽くされています。しかし、夥しい流血と人間に為したとは思われない虐待の数々は、植民地支配の真実の一面でもあり、科学技術が飛躍的に進展した近代の持つ負の遺産でもあります。過酷な真実に真っ直ぐに向き合う勇気が必要なのでしょう。

ラス・カサスの叙述からもう一つだけ抜粋してみましょう。

「彼らは、誰が一太刀で体を真二つに斬れるかとか、誰が一撃のもとに首を切り落とせるのかとか、内臓を破裂させることができるかとか言って賭をした。彼らは母親から乳飲み子を奪い、その子の足をつかんで岩に頭を叩きつけたりした。また、ある者たちは冷酷な笑みを浮べて、幼子を背後から川へ突き落し、水中に落ちる音を聞いて、『さあ、泳いでみな』と叫んだ」

（ラス・カサス　前掲書）

信じがたいほどの残虐な行為ですが、これがインカ帝国においてスペイン人たちが為した残虐な行いの真実なのです。

また、ラス・カサスは、キリスト教への改宗を迫られたある島の領主の逸話も書き記しています。

スペイン人の過酷な仕打ちに耐えかね、スペイン人から逃げ回っていたある島の領主は、スペイン人に捕らわれると、生きたまま火あぶりに処せられることになりました。最期にキリスト教聖職者は、その領主にキリスト教への改宗を迫ります。キリスト教へ改宗すれば、栄光と永遠の安らぎのある天国へ向かい、改宗せぬままに死ねば、地獄に落ち、果てしのない責苦を味わうことになると説いたのです。この聖職者に対し、領主はたった一つだけ質問をします。それは、彼のいう「天国」にキリスト教徒たちが存在するのかというものでした。キリスト者として聖職者は、正しい人々は天国に召されると返答します。聖職者の返答を受け、領主は改宗を拒絶します。彼は、その理由として、二度と残虐なキリスト教徒に会いたくないからと答えたといいます。傍若無人、残虐なキリスト教徒に会いながら天国で暮らすよりも、キリスト教徒のいない地獄へ行った方がましであるというのが、その領主の考えだったのです。

ラス・カサスの叙述から見えてくるスペイン人たちの冷酷無比な暴虐の数々こそ、世界中の植民地の真実に他ならないのです。欧米人たちは、徹底した人種差別、宗教差別によって植民地の人びとを苦しめたのです。

アメリカ・インディアンの悲劇

一四九二年。

「イヨクニ燃えるコロンブスのアメリカ大陸の発見」

多くの人が御存知のゴロ合わせですが、この「発見」という言葉は、大変失礼な言葉です。何故なら、コロンブスが到達する以前に、アメリカ大陸には多くの人々が住んでいたからです。彼らは「インディアン」と名付けられましたが、これはコロンブスがアメリカ大陸をインドだと誤解したためにつけられた名称です。

仮に、コロンブスの「発見」というのであれば、インディアンの人々を人間だと見なしていないということになるでしょう。何故なら、既に人間が住んでいる場所に到着して「発見した」などという言い方は出来ないからです。この表現そのものが白人中心主義史観とでも

航海士コロンブス

いうべき立場を物語っていると言えそうです。
コロンブスが出会った先住民、バハマのタイノ族の人々は、極めて穏和な人々で、武器の存在そのものも知らなかったといいます。コロンブスも感激して次のように記しています。

「さほど欲もなく…こちらのことにはなんにでも合わせてくれる愛すべき人びとだ。これほどすばらしい土地も人もほかにない。隣人も自分のことと同じように愛し、言葉も世界で最も甘く、やさしく、いつも笑顔を絶やさない」

素晴らしい人々に出会ったと喜んだコロンブスは、一体何を始めたのでしょうか。
彼はこの素晴らしい人々を捕えて奴隷としてスペインに連れ戻したのです。ちょっと我々の神経では理解の出来ない所業と言わざるを得ません。先住民の人々はコロンブスを攻撃したわけでもなく、コロンブスに冷たい仕打ちをしたわけでもありません。外から来た異邦人を暖かく歓待したところ、タイノ族の人々は捕えられて、奴隷とされてしまうのです。コロンブスは、他にも酷いことをしています。黄金を手に入れたくて打ち震えていたコロンブスは、先住民の人々に金の採掘を命じます。圧倒的な武力をもったコロンブスに金の採掘を命じられた人々は、自らの畑作業を放り出して、金の採掘のために血眼になりました。この結果、畑は荒廃し、五万人もの人が餓死するという深刻な飢餓が引き起こされたのです。

悪逆非道の限りを尽くしたのはコロンブスばかりではありません。スペインのニコラス・デ・オバンドもかなり悪辣なことをしています。

イスパニョーラ島に到着したオバンドは、島の有力者たちに敬意を表するために、豪勢な宴を催します。しかし、これは奸計であり、その宴に参加してくれた気のいい有力者たちは、全てその場で殺戮されてしまいます。この後に、圧政に堪えかねた人々が反乱が起こすと、オバンドは断固たる姿勢で臨み、七〇〇〇人ものタイノ族が殺されたともいわれています。スペイン人が入植して以降、一〇年も経たない間に、島の人口は、六万人から、一万一千人にまで激減したと記録されています。彼らは過酷な労働で多くの人々が死ぬと、労働力の不足を補うために他の島から人々を捕えて奴隷としたのです。

コロンブスをはじめとするスペイン人たちは、この地で徹底的な搾取を試みましたが、この島に永住し、新たな植民都市をつくろうとはしませんでした。

北米の地で新しい国家を建設しようとしたのはイギリス人でした。一六世紀末に、ウォルター・ローリーが二隻の船をアメリカに派遣し、ロアノーク島を探検させ、結婚せずに処女王と称されたエリザベス女王にちなんで、この島をヴァージニアと名付けます。この後、ヴァージニア会社によって本格的な植民が開始されます。

一六〇六年、一四四人の入植者をイギリスからアメリカに送りますが、アメリカにたどり着けたのは一〇四名、翌年から都市の建設に取り組んだものの、多くの人間が病や寒さによって死亡してしまいます。

このとき、入植者たちを助けたのがインディアンでした。彼らがトウモロコシの栽培の仕方を教え、何とかイギリス人たちは、飢餓を乗り越えることが出来たのです。しかし、彼らはとんでもないことをし始めます。自分たちを助けてくれたインディアンたちからトウモロコシを強奪したのです。「恩を仇で返す」とは、こういうことをいうのでしょうが、それにしてもあまりにひどすぎる仕打ちです。

インディアンの族長は、イギリス人指導者に対して、武器を携行すると、多くのインディアンが驚いてしまうから、武器を持たずに付き合おうと提案します。

「武器を船においていらっしゃい。ここでは武器は要らない。われわれはみな友人なのだから」

するとジョン・スミスは、この族長の弟に対して、恐ろしい暴言を吐きます。

「トウモロコシを船に積め。さもないとお前らの死体を積むぞ！」

穏やかで友好的なインディアンに対して、イギリス人たちがどのような姿勢で臨んだのかが明らかでしょう。彼らは、インディアンを搾取する対象としかみなしておらず、ともに友情を育む存在、すなわち対等な「人間」とは見做していなかったのです。彼らは躊躇なくインディアンの村々を襲撃し、食べ物を略奪していったのです。

一六一〇年、植民地住人二人がインディアンによって殺害されると、イギリス人は報復措置をとります。二つの村を焼きつくし、女子供に至るまで殺戮したのです。

こうして血で血を洗う復讐合戦が始まります。

一六二二年三月二二日、インディアンたちは、いつものように交易品を携えて植民地の人々の家を訪問しました。しかし、この日の目的は交易ではなく、復讐でした。一斉に家々の武器を手に取り、入植してきたイギリス人を殺したのです。この時に殺された植民都市の住人は三四七名に及びました。

これ以降、イギリス人はインディアンであれば誰彼かまわずに殺害するようになりました。無差別殺害が繰り返され、村々は焼き討ちされ、食料は奪われました。徹底した掃討作戦の結果、インディアンは弱体化し、遂に領土を割譲する条約を承認させられることになります。

土地の問題についても、インディアンと入植者とで揉めることになります。両者の土地についての考え方、捉え方がまるで違っていたからです。インディアンは狩猟する土地を自分たちの共有の土地と見做し、先祖代々の神々に感謝していました。これに対して、近代的な所有権の概念があった入植者は、ほとんどの土地には所有者がいないと解釈しました。従って、誰のものでもない土地を自分たちが「発見」して占有すれば、自分たちのものとなると言い張ったのです。

インディアンにとっては、土地は売却が不可能なものであり、全てのインディアンの共有地だったのです。あるインディアンの指導者はインディアンの土地についての考え方を次のように説明しています。

「われわれの土地は過去を振り返って見ても、いまだかつてばらばらに分割されたことなど一度としてなかった。それはいつでもすべてのインディアンのもので、だれが使ってもよいものだった。だれひとりとしてそれをほんのひとかけらでも売ることはできない」

土地は人間が所有するべきものではなく、全ての人が使用すべきものだ。

これがインディアンの土地に関する考え方でした。

近代的な所有権の概念と合致しないからといって、インディアンの土地に対する解釈が一方的に誤っていると断言することは出来ません。これはひとつのものの考え方だと言ってよいでしょう。しかし、神によってアメリカ大陸が与えられたと信じる入植者たちは、非・キリスト教徒のインディアンたちを遅れた野蛮な存在と見做し、彼らの考え方を理解しようとはしなかったのです。

インディアンと入植者たちとの戦いは続きます。

ある日ピクォート族の一人が、一人のイギリス人を殺害しました。入植者は犯人の引き渡しを求めましたが、ピクォート族は、これに応じませんでした。激怒した入植者は、容赦のない反撃に打って出ます。男たちの多くは、戦士として闘い、死んでいきました。生き残った女性、子供たちはキリスト教徒たちの手によって、西インド諸島で奴隷として売却されてしまうのです。

キリスト教の指導者であるコトン・マザーは、このピクォート族の壊滅に関して次のように神に感謝したそうです。

「この日、われわれは六〇〇人の異教徒を地獄に送った」

神を信じる自分たちだけが正しく、非キリスト教徒、異教徒であるインディアンは地獄に送られて然るべきだ、というわけです。

これはあまりに独善的な考え方と言わざるをえません。なお、この戦いで、入植者たちは、一部のインディアンを味方に引き込んでいました。インディアン同士を仲違いさせ、一致団結を防いだうえで、潰し合いをさせるというのが、入植者たちの基本方針でした。

インディアンの最大の抵抗は、メタコットという指導者の下で行われました。基本的には入植者たちと宥和的な政策を採ろうと努力を続けますが、入植者たちの度重なる裏切りに激怒し、立ち上がったのです。神出鬼没のメタコットたちの攻撃に、入植者たちは震え上がります。しかし、戦闘はメタコットの死によって、終息します。彼の首は広場のポールに突き刺され、何と二五年間ものあいだ晒《さら》し者にされたと言います。

ここで入植者たちによる明らかなインディアン虐殺を紹介しておきます。時は一八六四年、アメリカが建国されてから百年以上の時が過ぎた後の事件です。この時代になっても、インディアンに対する残虐な行為は後をたちませんでした。最も残虐な事件として知られるのが、コロラド州のサンド・クリークで引き起こされた虐殺事件です。

この虐殺を指揮したのはシビングトン大佐。彼は次のような野蛮な言葉を残しています。

「インディアンに同情する奴らなど糞くらえ！」

「本官はインディアンを殺すためにやってきたのだ。神の支配するこの世界では、どんなやり方でインディアンを殺そうとも、それは当然の権利であり、名誉あることだと、自分は信じている」

虐殺を指揮したシビングトン大佐

もう、何とも表現の仕様のないほどに野蛮な言説です。インディアンを殺しにきたと宣言し、インディアン殺しは如何なる方法であっても許されるなどという発言は、狂気の言説でしかないでしょう。

そしてこの狂気は現実のものとなってしまいました。

虐殺の現場にいたシャイアン族のアーティスト、ハウリン・ウルフによって描かれた絵

シビングトンの指揮下で、アメリカ兵たちは、インディアンを残虐に殺戮しつづけました。殺戮それ自体を目的としているとしか思えない、残虐な殺戮でした。老若男女、一切無関係に、インディアンがインディアンであるという理屈だけで殺されたのです。

この虐殺は米国の議会でも問題視され、次のような証言が寄せられています。

「シビングトン大佐が攻撃を命じ、命令は実行されました。…（略）…インディアンの村には一〇〇から一三〇のテントがあり、私の見るところ、五〇〇人から六〇〇人のインディアンがいて、その大半は女と子供でした。翌日現場に行ってみますと、男、女、子供の死体は、どれもこれもみな頭の皮をはがされていました。

死体の多くは、これ以上むごたらしくはできないほど切り刻まれ、男女、子供の見境なしに生殖器が切りとられていました」

（ジェームズ・コナー大尉の証言）

飢えに苦しんでいた入植者にトウモロコシを渡し、その栽培方法を教えてくれた人々。自然を愛し、先祖代々の暮らし方を守りながら自然の中で暮らしてきたインディアンに罪があったとは思えません。突然「発見」され、野蛮だ、未開だと罵られ、文明化を迫られ、搾取され、ときに殺戮されたインディアン。

彼らを殺した側の人間が「文明」人であるとは到底考えられません。

最後に、インディアンの言葉を紹介しておきましょう。他のどんな言葉よりも重みのある言葉だと思います。

「白人たちよ。いったいだれが、お前たちにここにくるように頼んだというのだ。偉大なる精霊はわれわれにここで生きるようにこの国をくれたのだ。お前たちにはお前たちの土地があるではないか。…（略）…今、お前たちはわれわれに生きるためには働けばよいではないかという。しかし、偉大なる精霊がわれわれを作ったのはわれわれを働かせるためではない、狩りをして生きよといって作ったのだ。
お前たち白人は、働きたければ働けばよい。われわれはけっしてお前たちの邪魔はしない。しかし、また新たに、お前たちはわれわれになぜ文明化しないのだといってきた。われわれはお前たちのような文明化を望まない。われわれは、われわれの父や祖父たちが生きてきた通りに生きていきたいのだ」

（オグララ・スー族の族長クレージー・ホースの言葉）

「白人の中にも善良な人間がいることは認める。しかし、その数は悪意を持った白人の数に比べると比較にならない。白人たちは圧倒的な力で支配した。彼らはやりたい放題のことをやった。人間はみな同じように大いなる精霊によって作られたのにもかかわらず、彼らは自分と肌の色が違うものを隷属させ、従わないものたちを殺した。白人の誓いはいかなるものも守られたためしがない。……（略）……白人はインディアンに「わが友、わが兄弟」という。しかし、次の瞬間に彼らはインディアンを殺すのである」

（デラウェア族パチガンチルヒラスの言葉）

第四章　奴隷貿易と無縁ではなかった日本

豊臣秀吉とキリスト教

さて、ここからは日本の歴史に目を転ずることにしましょう。

まず取り上げてみたいのが、豊臣秀吉による「伴天連《バテレン》追放令」です。いうまでもなく、「伴天連」とはキリスト教徒を意味していますから、この「伴天連追放令」とは、キリスト教の布教を禁ずるための命令でした。この事件は、我々が日本史を考える上で極めて重要な事件だといえます。

「信教の自由」が認められている自由民主主義社会に住む我々からすると、秀吉の命令は、人々の自由を抑圧する恐るべき悪法であるかのように感じます。また、単に秀吉の宗教的偏見が引き起こした野蛮な命令だと考える人がいるかもしれません。

しかし、この「伴天連追放令」を詳しく調べてみると、現代の日本人の多くが忘れてしまった重要な事実が浮かび上がってきます。

「伴天連追放令」に際し、秀吉はイエズス会のパードレ・ガスパール・コエリョに対して詰問しているのですが、この中で見逃すことが出来ない一言が登場しています。

秀吉はコエリョに対し、次のように問うています。

「何故ポルトガル人は日本人を購い奴隷として船に連れていくや」

——ポルトガル人は日本人を奴隷として売買していた。

極めて重要な事実なのですが、多くの日本人はこの歴史を知りません。私自身も本書を執筆するまで、その実態についてほとんど知りませんでした。秀吉の「伴天連追放令」の背景には、知られざる日本人奴隷の問題があったのです。秀吉はポルトガル人が日本人を奴隷として売買していることに憤りを感じた政治家だったのです。

豊臣秀吉。人種差別の観点から見ると意外な一面が浮かび上がる

秀吉は次のように主張しています。少々長いのですが、重要な文章なので引用します。

「予は商用のために当地方に渡来するポルトガル人、シャム人、カンボジア人らが、多数の日本人を購入し、彼らからその祖国、両親、子供、友人を剥奪し、奴隷として彼らの諸国へ連行していることも知っている。それらは許すべからざる行為である。よって、汝、伴天連は、現在までにインド、その他遠隔の地に売られて行ったすべての日本人をふたたび日本に連れ戻すよう取り計らわれよ。もしそれが遠隔の地のゆえに不可能であるならば、少なくとも現在ポルトガル人らが購入している人々を放免せよ。予はそれに費やした銀子を支払うであろう」

秀吉は、ポルトガル人をはじめとする外国人が日本人を奴隷としている事実を掴んでおり、日本人奴隷に同情しているのです。祖国、両親、子供、友人を奪う奴隷制度に断固として反対しているのです。そして、秀吉は費用を支払ってもかまわないから、彼らを解放しろと主張しているわけです。

何度読み返してみても、極めてまっとうな意見であり、筋の通った主張です。豊臣秀吉は同胞が悲惨な奴隷の境遇に置かれていることが我慢ならなかったのです。日本人を奴隷として扱うなど「許すべからざる行為」との言葉には、秀吉の強い憤りを感じることができます。

売られていく日本人

それでは、日本人奴隷はどのように取り扱われていたのでしょうか。

ポルトガル人たちは日本人奴隷を買い取り、手足に鉄の鎖をつけ、船底に詰め込みます。こうして日本人奴隷で一杯になった船でアジアの諸地域を回り、日本人を売りつけていたのです。日本人奴隷はまるで「犬の如く」に扱われていたといいます。

さらに、日本人奴隷は労働力として「消費」されただけでなく、性的な虐待の対象にもなっていました。

イエズス会のコエリョ自身がポルトガル商人の不埒《ふらち》な行いを嘆いています。

「彼等商人は若き人妻を奪いて妾《めかけ》となし、児童を船に拐《かどわ》かし行きて奴隷となすを以て、多数の人は寧ろ死を撰びて処決するあり」

また、イエズス会の文書にも次のようにあります。

「これらの（ポルトガル人）下僕は購買したる少女等と放縦なる生活をなして、破廉恥の模範を示し、その或る者は媽港《マカオ》への渡航船中船室に伴い行くこともあり」（括弧内引用者）

日本人は奴隷としてアジアの諸地域で売られるだけでなく、人妻をも含む多くの女性が、ポルトガル人の性的虐待を受けていたのです。

秀吉がこうした状況に激しく憤ったのも納得がいきます。

しかし、布教を禁じられたイエズス会自身が日本人奴隷の販売に積極的であったわけではありませんし、日本人奴隷の売買に対して批判的な声があったのも事実です。

たとえば、一五七一年三月十二日付でポルトガル国王ドン・セバスチャンは、日本人奴隷の売買を禁ずる勅令を発しています。この勅令の中で、とりわけ目を引くのが、日本人奴隷を売買することを禁ずる理由です。勅令では、奴隷売買が「異教人改宗」の「故障」となるから、奴隷売買を禁ずると述べられているのです。

すなわち、日本人をキリスト教徒へ改宗させる際に、日本人奴隷の問題が邪魔になってくると主張しているのです。つまり、国王にこうした勅令を発表させた人々は、日本人をキリスト教徒に改宗させることが何よりも重大だと考えていた人々、すなわちイエズス会の人々だったのです。彼らは日本人が哀れだから日本人奴隷の売買を禁じようとしたわけではありません。奴隷制度が残虐なる制度であるから、日本人奴隷の売買を禁じようとしたわけでもありません。あくまでキリスト教の布教の妨げとなるから、日本人奴隷の売買の禁止を求めていたのです。

ところで、こうした勅令の効果は甚だ疑わしいものでした。国王の勅令が発表されたのちも日本人が奴隷として売買され続けていたのです。そこで、日本人奴隷の売買が日本人を改宗させる大きな障害となっていることを憂慮していたイエズス会は、大きな決断をします。日本人奴隷の売買をおこなった者を破門にすると宣言したのです。

ポルトガル国王ドン・セバスチャン

これに対して、余り日本人の改宗に熱心でない人々も存在し、彼らは露骨に日本人奴隷の売買の継続を主張していました。例えば、インドのゴアに住む人々がそうでした。ゴア市民は、ポルトガル国王の勅令、イエズス会の破門決議に大いに反発し、市民集会を開催して反対の声を上げています。

彼らの主張は単純明快です。自らが投資してきた奴隷という「商品」の売買が禁じられたら、甚だしい経済的損害を被る人間が続出するというのです。そして、奴隷売買は人間の自由な経済活動の一部であり、「正義」に従った行為であり、「神の掟」にも「人界の法」にも反していないので、奴隷売買に対する禁止令こそ撤回すべきだと主張したのです。

多くのポルトガル人が日本人を奴隷として扱うことに良心の呵責を感じていなかったという事実は注目に値するでしょう。

キリストの宣教師は侵略の先兵

さて、日本人奴隷の問題に関し、秀吉が激怒したことは既に述べてきた通りですが、別の問題に関して、秀吉はポルトガル人、キリスト教徒の伸長を非常に恐れていました。秀吉はキリスト教徒たちによる日本への軍事的侵略の可能性がありうると考え、そうした事態を避けようとしてきたのです。

一五九七年、フィリピン総督フランシスコ・テーリョ・デ・グスマンに宛てた手紙の中で、秀吉はキリスト教の布教に関して次のように激しく詰《なじ》っています。

「貴下の国では法の布教は外国を従えるための策略でありぺてんであるということを聞い

ている…私はこう考えかつ信じている。乃《すなわ》ち、貴下はこのような方法で貴国の旧支配者を追出し新しい支配者となったように、貴下は私たちの法を貴下の法によって踏みにじり、破壊し、当日本国を奪おうとしている、と」

要するに、秀吉は日本におけるキリスト教の布教などは方便に過ぎず、本当の狙いは日本侵略にあると断言しているのです。

果たして、この秀吉の断言は、秀吉の被害妄想に過ぎなかったのでしょうか、それとも、本当にそうした可能性が存在したのでしょうか。

ヨーロッパの人々が世界中に航海し、植民地支配を開始した大航海時代、その中心はスペイン、ポルトガルの両国でした。スペイン、ポルトガルが支援したキリスト教の布教事業は、基本的に両国の武力征服事業と並行して進められていました。例えば、ペルーのインカ帝国の制圧に際して、キリスト教徒が重要な役割を果たしていたことは先に述べた通りです。そして武力によって日本や中国を征服して、キリスト教を布教してしまおうという手荒な野望を抱く宣教師が存在していたことも確かです。

中国への侵略を提言する文書が数多いので、まずこの中から幾つかを紹介します。

たとえば、イエズス会の東インド巡察使アレッサンドロ・ヴァリニャーノは、一五八二年十二月十四日にフィリピン総督に対して次のように書き送っています。

「これら東洋に於ける征服事業により、現在いろいろな地域に於いて、陛下に対し、多くのそして大きな門戸が開かれており、主への奉仕及び多数の人々の改宗に役立つところ大である。これら征服事業は、霊的な面ばかりでなく、それに劣らず陛下の王国の世俗的な伸展にとって益する。そしてそれらの征服事業の内、最大のものの一つは、この中国を征服することである」

キリスト教の布教者であるヴァリニャーノが、東洋におけるスペインの侵略行為を、キリスト教的にも、世俗的な王国の伸展のためにも素晴らしい事業であったと擁護し、さらには中国の征服を勧めているのです。

なお、ヴァリニャーノは同じ手紙の中で、日本への軍事侵略はすべきではないと主張しています。その理由が二つ挙げられていますが、なかなか面白いので紹介しておきます。一つ目の理由は、日本が貧しく、侵略しても得るものがないからであり、二つ目の理由は、国民が非常に勇敢であり、絶えず軍事訓練を積んでいるからだというのです。当時の日本は非常に貧しい国でしたが、国民が極めて勇敢であったことが証明されており、興味深いです。

キリスト教の布教を妨げる者は武力排除

さて、中国への侵略を提案していたのは、ヴァリニャーノだけではありません。マニラ司教のフライ・ドミンゴ・デ・サラサールもスペイン国王に中国への侵略を提案しています。サラサールの手紙には次のように記されています。

「私がこの報告書を作成した意図は、中国の統治者達が福音の宣布を妨害しているので、陛下は武装してかの王国に攻入ることの出来る正当な権利を有するということを、陛下に知らせるためである」

要するにキリスト教の布教の邪魔をする為政者に統治された国家には、武力で侵略してもかまわないというのです。ずいぶんと乱暴な提案といってよいでしょう。

さらにサラサールは別の書簡で、次のような過激な提案をしています。少々長いのですが、極めて具体的で興味深い提案なので引用しておきます。

「ポルトガル国王は、中国とそれに隣接する諸王国及び東インド全域に対して権利を有するので、陛下は、中国軍から被害を受けないだけの軍隊を派遣することが出来る。そして、たとえそれを妨害し、福音の宣布を止めさせるよう中国の為政者達に強要する者がいても、この軍隊は中国々内に入ることができる。そして説教者達が被害を受けないように、これを守ってやることが出来る。また、それに要した凡ての経費を陛下に支払うよう、中国の住民に強要することが出来る。もしもその支払いを拒絶する者があれば、強制的に徴集してもよいが、われわれの目的が、原住民の破滅にあるのではなく、彼等の改宗を目指しているのであるから、この目的にかなう公正、適度という点に、常に配慮しなければならない。また陛下は、中国の全土にわたって税を課することが出来る。そしてその一部は、平定と治安維持に当る兵隊に与えるものとする。その場合も、上述のキリスト教的な公正、適度という点には常に心がけなければならない。更に、中国の国王が余りに邪悪で、王国内での福音宣布がどうしても出来ないようなら、最善の努力をした挙句なら、陛下は、王国から彼を追放することが出来る」

余りに独善的な話なので、驚きますが、彼は、異教徒をキリスト教に改宗させるためには、軍隊を派遣し、金銭を収奪して構わないといっているのです。「原住民の破滅にあるのではなく」、「キリスト教的な公正、適度」等の文言もありますが、余りに独善的です。キリスト教の布教のためならば、異教徒に銃口を突き付け、金品を巻き上げても構わないという発想そのものに空恐ろしさを感じてしまいます。正しき教えのためならば、手段を選ぶべきではないと考えるのが、彼らだったのです。自らの正しさを他者にも強制すべきだという考え方は必ず、自分たちの正義に従わない人々を殺害するに至るのです。その典型的な事例が当時の宣教師たちでしょう。

もう一つの事例をあげます。フランシスコ・カブラルという人物がマカオからスペイン国王に宛てた手紙です。この手紙においてカブラルは、熱心に中国侵略を勧めるとともに、中国を征服することによって国王が得られるであろう利益について述べています。

カブラルによれば、国王が中国を侵略することによって得られる利益は六つあります。その六つの利益とは次のような利益です。

一、キリスト教徒の増加に繋がる
二、国王の名声が高揚する
三、王国に多大な経済的利益をもたらす
四、関税収入により王室の税収が増加する

五、豊かな財宝を手に入れることが出来る
六、キリスト教の保護者である国王が、キリスト教を圧迫する異教徒の国々を滅ぼし、世界の帝王となることが出来る

簡単に言えば、キリスト教の布教が出来、経済的にも王国が潤うから中国を侵略してしまえということです。別の観点から言えば、侵略は経済的な利潤をもたらすだけでなく、キリスト教徒として正しいことなのだといっていることになります。考えてみれば、多くの流血を伴う侵略は、その大義名分がなければ躊躇してしまうものではないでしょうか。何の理由もなく、他国に侵略し、他国から金品を収奪するのでは、無法者のようにしか思われません。為政者たちのそうした良心を麻痺させ、侵略こそが正しい行為であると説いて回ったのが、キリスト教徒たちだったのです。彼らは自分たちの教えのみが正しいと思い込み、侵略を擁護する独善的主張を繰り返していたのです。

キリシタン大名への軍事援助

さて、今まで多くのキリスト教徒たちが中国の侵略を熱心に勧めてきた事実について語っ

てきましたが、日本についてはほとんどふれてきませんでした。ここからは、キリスト教徒たちによる日本への軍事的侵略の可能性について考えてみたいと思います。

一五八五年三月三日、日本の準管区長を務めていたコエリョがフィリピンのイエズス会の上司に対し、興味深い手紙をしたためています。なお、このコエリョとは、日本人奴隷の問題で秀吉に問い詰められたコエリョと同一人物です。

コエリョは次のように日本への軍隊の派遣を要請しています。

「総督閣下に、兵隊、弾薬、大砲、及び兵隊のための必要な食糧、一、二年間食糧を買うための現金を充分備えた三、四艘のフラガータ船を、日本のこの地に派遣していただきたい。それは、現在軍事力に劣るために抵抗出来ず、他の異教徒に悩まされ、侵犯されている何人かのキリスト教徒の領主を支援するためである」

ここでコエリョが考えていたのは、日本を侵略するための軍隊の派遣ではありません。日本国内に存在したキリシタン大名を応援するために軍隊を派遣してほしいと要請しているのです。コエリョは軍隊を派遣した結果、もたらされるであろう利益を三つあげています。

一、キリスト教徒であれば国王の援助を受けられることを知り、一層信仰を強めるだろう
二、日本人は、軍隊の派遣に驚きキリスト教徒や新たな信仰者に対する迫害をやめるだろう
三、援助を受けられることを知り、新たに改宗する者が増えるだろう

キリシタン大名を軍事的に応援することによって、キリスト教を布教しやすくなるというのが、コエリョの考えでした。結果としては、幾つかの理由からコエリョのこの提案は実現しませんでした。しかし、日本に住むキリスト教宣教師が他国に軍事介入を要請していたという事実はしっかりと認識しておくべきでしょう。

また、コエリョは秀吉に取り入ろうとして様々な提案をしていますが、こうした提案がキリスト教徒の侵略を恐れる秀吉の猜疑心を刺激する結果になります。例えば、秀吉が明に攻め込もうと考えていると述べた際、コエリョはポルトガル船の調達やインドからの援軍を要請するなどと話しました。思慮深い政治家であった秀吉は、こうしたコエリョの提案に対して喜んだふりをし、そうした際には多大の恩恵を与えるとまで約束します。しかし、秀吉は内心ではキリスト教徒たちに対する不信感を強めていきます。キリスト教徒たちが提案することによって強大な軍隊を動かせるという点が気にかかったからです。すなわち、キリスト教徒たちがその気になれば、日本を侵略するための軍隊が派遣される可能性があるのではな

秀吉が乗り込んだものと同型の軍艦

いかと秀吉は考えたのです。

他にも、秀吉がキリスト教徒に対して不信感を強めた理由があります。それは、コエリョがキリシタン大名を支援する目的で作った軍艦の問題です。コエリョは秀吉が九州平定戦のために博多に赴いた際、この軍艦に乗って秀吉に面会を求めたのです。秀吉は自らその軍艦に乗り込み、仔細に観察、検討しました。ここでもコエリョに対しては、立派な軍艦であると褒めちぎったのですが、彼の本心が別にあったことはいうまでもありません。彼は、キリスト教徒たちがこうした軍艦を所有していることに、驚き、かつ不信感を強めたのです。

また、直接日本への侵略を勧める手紙

も残されています。一五九九年に長崎からペドロ・デ・ラ・クルスという人物が、イエズス会総長に宛てた手紙がそれにあたります。

この手紙で日本への武力征服はキリスト教の布教のために有効な手段であり、実際に日本を制圧することは可能だと論じているのです。

日本を侵略が可能な理由としてペドロ・デ・ラ・クルスは左の六つの理由をあげています。

一、日本の海軍力は脆弱である
二、隣国の大名を恐れている領主は、キリスト教国との連合を歓迎するだろう
三、日本人は金銭的に貧しいため、僅かなものを与えれば満足するだろう
四、大名の臣下は隷従状態にある。我々の統治のほうが良い統治だと理解させれば、彼らは進んで服従するだろう
五、悲惨な状態にある領民にも我々の統治の方が良い統治だと理解させれば、彼らは進んで服従するだろう
六、キリスト教に対して非寛容な大名には、莫大な利益をもたらすポルトガル貿易を禁じてしまえばよい

最後の六番目の理由は直接日本を侵略する理由ではありません。しかし、海軍力が弱いために侵略が可能であると強調している事実は揺るぎません。日本を訪れていた宣教師たちは、場合によっては日本を軍事侵略しても構わない、あるいは、軍事侵略すべきだと考えていたのです。従って、キリスト教の布教を名目に、軍事侵略を企んでいると断じた秀吉の感覚そのものが狂っていたとはいえません。そう考えてみるならば、キリスト教徒に対する秀吉の懐疑心は、日本を守る政治家としては真っ当な感覚であったといえるのではないでしょうか。

日本人奴隷の存在に怒り、キリスト教徒たちによる日本侵略を防ごうとしてきた秀吉は、日本が誇る偉大な政治家であったといえるでしょう。日本がヨーロッパ諸国の植民地になることがなかったのは、地理的幸運に恵まれていたことがあったのは事実です。しかし、秀吉のように、キリスト教徒からの侵略を防ごうとする愛国心に溢れた思慮深い政治家が存在したという事実も忘れてはならないでしょう。

※なお、本文で取り上げた書簡類は全て以下の参考文献に依っています。学恩に感謝致します。
藤田みどり「奴隷貿易が与えた極東への衝撃」、小堀桂一郎編著『東西の思想闘争』中央公論社

岡本良知「十六世紀に於ける日本人奴隷問題（上）」『社會經濟史學』第四巻三号
岡本良知「十六世紀に於ける日本人奴隷問題（下）」『社會經濟史學』第四巻四号
岡本良知『桃山時代のキリスト教文化』東洋堂
高瀬弘一郎「キリシタン宣教師の軍事計画（上）」『史学』第四十二巻三号
高瀬弘一郎「キリシタン宣教師の軍事計画（中）」『史学』第四十三巻三号
高瀬弘一郎「キリシタン宣教師の軍事計画（下）」『史学』第四十四巻四号

第五章　「植民地にされる」とはどういうことか

オランダによるインドネシア支配

ここからは、アジアにおける植民地支配について考えてみたいと思います。植民地について色々な説明の仕方があると思いますが、ここでは一冊の本を紹介したいと思います。『マックス・ハーフェラール　もしくはオランダ商事会社のコーヒー競売』という本です。作者はムルタトゥーリとなっていますが、これはペン・ネームで本名はエドゥアルト・ダウエス・デッケルというオランダ人です。この本はオランダが植民地として支配していたインドネシアの実情を暴露した本です。ストウ夫人の著した『アンクル・トムの小屋』がアメリカにおける悲惨な黒人奴隷の境遇を描いた小説として有名ですが、『マックス・ハーフェラール』もインドネシア支配の実態を小説という形式で伝えているのです。

彼は本書執筆の目的を次のように明示しています。

「私の狙いは貧しい、不幸な原住民に対して、際限なく討伐や遠征、英雄気取りの蛮行を繰り返していることに抗議するためである。彼らを反乱に駆り立てているものは、彼らが受けている虐待である。虐待が先にあるのだ」

オランダのインドネシア支配が、いかに過酷、残酷を極めるものであったのかを世に問うために『マックス・ハーフェラール』は執筆されたのです。

さて、ここで歴史を学ぶ際に文学などというフィクションを持ち出すのは、不謹慎ではないかと思われる方がいるかもしれません。しかし、私はそうは思いません。この小説とて十分参考になる資料だと考えます。過酷なインドネシア支配の実態を伝えようとの願いから執筆され、世界的に影響力を持った文学作品を検討してみることには大きな意義があるといってよいでしょう。

『マックス・ハーフェラール』を著したエドゥアルト・ダウエス・デッケル

また、今回、色々と調査してみて驚いたことですが、日本の研究者による欧米の植民地支配についての研究は極めて貧弱です。「植民地」、「植民地支配」といったキーワードで調査をしてみても、日本の朝鮮、台湾統治時代の資料や研究ばかりで、ヨーロッパ諸国がいかにアジア各国を支配していたのかを実証的に研究しているものは、ほとんど存在しませんでした。アジアにおける植民地支配の実態を究明して行くことは、今後日本の研究者にとっての課題かもしれません。

植民地支配当時の空気を読む

それでは、『マックス・ハーフェラール』を紹介しながら、植民地支配とは何かを考えてみたいと思います（実際に、お読みいただくのが一番良いと思いますが、ここでは簡単に紹介をしておきます）。

この小説は、物語の筋書き自体が少し複雑になっていますので丁寧に紹介していきます。まず、話のはじめに出てくる主人公と思しき人物は、ある程度成功したオランダ人のコーヒー仲売人のドゥローフストッペルという男です。この男は自らを「仕事に生きる」堅実な商人だと考えています。「真実と常識」を重んずる人間だと自負しており、何よりも嘘が嫌いです。皆が喜ぶ芝居の類も話そのものが結局は「嘘」だといって嫌悪してしまうほどに極端な嘘嫌いです。現代風に言えば、テレビ・ドラマを見て、これは「嘘だ」といって嫌悪するほど、極端な性格だということです。極端に偏屈な上に、自分自身に異常な自信をもっている小金持だと思えば、分かりやすいでしょう。

ある日、ドゥローフストッペルが歩いていると、偶然道端で旧友のシャールマンに出会います。大変貧しそうな姿をしたかつての友人に対して、ドゥローフストッペルは冷淡です。神を信仰する彼は、貧乏人の存在そのものを嫌悪していました。貧乏人が貧乏なのは自分自身の努力が足りないと考えていたからです。神は自ら努力する人々を助けてくれるのだから、努力しなかった人間のみが貧乏だというのが彼の理屈です。極端な新自由主義者のような発想だと思えば理解しやすいと思います。彼の発想によれば、貧乏人が貧乏なのは、努力不足であり、同情に値しないというのです。

しかし、彼は貧乏なシャールマンを無視することはありませんでした。何故なら、その昔、彼が喧嘩をした際に、シャールマンに加勢してもらい、助かったという義理があったからです。彼は昔の義理を忘れてしまう程、薄情な人間ではありませんでした。一通り身の上話をしたのちに、シャールマンは「お願いしたいことがある」と切り出します。ここで、ドゥローフストッペルは、話を切り上げ、逃げるように帰ってしまいます。金の無心でもされてはかなわないと思ったからです。

翌日、コーヒーの取引所から自宅へ帰ると、シャールマンが自宅を来訪したことがわかります。その翌日、ドゥローフストッペルのもとに手紙と分厚い包みが届きます。勿論、差出人はシャールマンです。

シャールマンは、様々な論文、詩を書き上げ、何とか出版にこぎ着けたいと考えていたのですが、暮らしは厳しく、先立つものがありませんでした。そこで、仲買人としてそれなりの成功を収めているドゥローフストッペルに出版に際しての資金援助を求めたのです。

包みに入っていた原稿は種々様々です。そのタイトルの一部を列挙します。

「貴族の出自について」
「確率論について」
「キリスト教成立以降の文明の衰退について」
「ジャワの叙事詩における民衆文学について」

とにかくありとあらゆる分野についてシャールマンが著した論考が、包みの中に詰め込まれていたのです。堅実な商人であることを自負しているドゥローフストッペルにとって、関心のない事柄がほとんどです。しかし、彼は「オランダ人の商業の将来について」、「ジャワ・コーヒーの価格について」等の論考に興味を抱きます。そこで彼はこの様々な論考の中からいくつかを選び出し、一冊の本にしようと考えるのです。文章を編集し、まとめる作業は、会社の若い人間に担当させ、編集作業が途中まで進んだところで、人々を集めた朗読会で読み上げることにしました。

そしてここから、ようやくマックス・ハーフェラールの物語が始まるのです。

1825～1830年に行われたジャワ戦争によってジャワ島はオランダの統治下に置かれた。絵中央右がオランダのデコック将軍。中央左がジャワ島のディポネゴロ王子

物語の中に埋め込まれたもう一つの物語、それが「マックス・ハーフェラール」なのです。

「マックス・ハーフェラール」とは、ジャワ島西部のルバック県に副理事官として派遣されたオランダ人の名前です。

当時、ジャワ島は、オランダの直接統治下におかれていました。統治の責任者は総督です。その下に位置し、各州の知事のような形で地方に出向くのが理事官です。その州の中の県において統治の責任を負うのが副理事官です。副理事官をサポートする役割を担うのが、「レヘント」と称する原住民の首長です。

「レヘント」とは、抜け目のないオランダが植民地支配を円滑に行うために設けた職位です。このレヘントに選ばれる人間が重要です。もちろん、ジャワ島の人々が民主的に選挙を行ってレヘントを選出するわけではありません。オランダは、かつての支配者、王侯、貴族たちに「レヘント」の称号を与え、植民地支配に利用したのです。住民の間に根強く残っているかつての封建時代の王侯、貴族に対する畏敬の念を自らの植民地支配に役立てたのです。

ここで問題となってくるのが各県に配置された副理事官とレヘントとの関係です。形式上は副理事官が高位の役職ですが、その土地のレヘントの勢力が副理事官を凌ぐ場合がまま見受けられたのです。副理事官はオランダ本国からいくらでも派遣が可能なので、誰かが辞めようとも補充が可能です。しかし、土地に根差したレヘントを置き換えることは不可能です。従って、どうしても副理事官はレヘントの顔色を見ながら、レヘントに命令を下さなければならない状況が生まれます。少し複雑ですが、話の展開に関係があるので、敢えて説明させて頂きました。

さて、ハーフェラールは妻と共にジャワ島に派遣されますが、当時のジャワ島では農民たちが塗炭の苦しみをなめていました。彼らは一八三〇年に導入された「強制栽培制度」に苦しんでいたのです。「強制栽培制度」とは、農民が農地の二〇パーセントまでは、当局が指定した作物を作らなければならないという仕組みです。指定した作物は植民地政庁が一括して、驚くほどの安値で買い上げます。当然、植民地政庁以外に販売することは固く禁じられました。これでオランダが暴利をむさぼったのはいうまでもありません。二〇パーセントを遥かに超える土地に指定作物を栽培させるという不正も横行していました。

ハーフェラールは三五歳のやせ型で動作の俊敏な男で、正義感に燃える情熱的な人物でもあります。ハーフェラールの人物像については、ムルタトゥーリの表現が面白いので、直接引用しておきます。

「真実と正義を人一倍愛するがゆえに、さらに高いところ、さらに遠いところ、さらに深いところにある不正を正そうとするあまり、――そうした不正との戦いはもっと大きな緊張を強いるがゆえに、いっそう彼を引き付けるようだが――もっとも簡単で、もっとも手近な義務をないがしろにすることがよくある。騎士のように勇敢であるが、ドン・キホーテ顔負けにしばしば風車に突撃してその勇気を無駄にする」

正義感に燃えるハーフェラールは、ルバック県に赴任して、即座に当局、とりわけレヘントの不正を発見します。規定で定められている三倍も多い農民たちが、レヘントのもとで強制的に賦役に従事させられていたのです。

温厚篤実なジャワ島の住民は、先祖代々服従してきたレヘントの一族に対し、驚くほど従順でした。昔ながらの領主様に対して厚い忠誠心を抱いていたのです。この忠誠心は、徹底したもので、例えば、レヘントの邸宅の前庭が荒れていたとしたら、これはその地域の住民の恥だと考えられました。「我らが領主様」の邸宅が汚れているのは、我ら住民の不始末だと考えていたのです。従って、レヘントの水田を耕すことも住民の義務だとして捉えられ、住民たちはレヘントのもとで賦役に従事したのです。もちろん、彼等自身の水田を耕さねばならないため、労働は過酷なものになります。

昔ながらの意識を持ち続けていたことが悪いわけではありません。しかし、実際に領主が統治していた時代とは異なり、当時、ジャワ島はオランダの植民地です。従って、農民たちが領主にのみ忠誠を誓い、税を納めていた時代とは異なり、「強制栽培制度」等で農民はオランダに搾取されていたのです。その上に、かつての領主――現在の「レヘント」――にまで搾取されてしまったら、農民自身が困窮に喘ぐのは当然といってよいでしょう。

こうした状況を目の当たりにしたハーフェラールは、レヘントによる農民からの搾取を禁じようと決意するのです。

オランダ人の文明化による「救済」

さて、ここで話をいったん、オランダ本国のコーヒー仲買人ドゥローフストッペルに戻しましょう。彼がシャールマンが執筆したハーフェラールの物語をここまで読んでみた感想が挿入されるのです。

小説の中に小説があり、その小説の感想まで記されているのです。ちょっと不思議な本だといえるかもしれません。

キリスト教徒であるドゥローフストッペルは、息子を連れて水曜礼拝式に参列します。そこではワーウェラール牧師が人々に説教をしています。この牧師によれば、非キリスト教徒たちは、無知であり、恐ろしい悪魔のような異端の神々に祈っており、その罪業によって永遠の焦熱地獄で苦しむことになります。真実の神を信じず、異端の神を信じたという彼らの罪は永劫の罪であり、彼らは阿鼻叫喚の焦熱地獄で永久に苦しむことになるというのです。しかし、彼らに望みがないわけではありません。そうした無知で哀れな異端者たちを善導する偉大なる国家、オランダが登場したからです。

牧師の言葉を引用してみましょう。

「オランダは、その哀れな人々の中の救済可能な部分を救うために選ばれたのであります。

…（略）…オランダ船は大洋に乗り出し、文明と宗教、つまりキリスト教を迷えるジャワ人たちにもたらしているのであります。

いや、わがオランダは幸いなことに、自らのためのみに救いを求めているのではありま

せん。われわれはその救いを、はるかかなたの海辺の不幸な人間にも伝えたいのであります」

全くもって独善的に過ぎる発言ですが、当時のオランダ人たちの感覚を掴むためには、重要な台詞です。彼ら、オランダ人はジャワ島で現地の人びとから徹底的な搾取を行っていたのですが、その搾取自体を反省することはありませんでした。むしろ、キリスト教を信じない無知で哀れな住民たちを文明化し、地獄の苦しみから救済してやっていると考えていたのです。「白人の重荷」である野蛮人どもの文明化を実践していると考えていたのです。

この後、牧師は、説教を聞くすべての人びとに具体的にジャワ人に対して何を為すべきかを指摘しています。伝道協会に寄付すること、兵士がジャワ人に聞かせたり、歌わせたりするのに必要な讃美歌や説教集をつくることなど様々な提案をします。その中でドゥローフストッペルが注目するのは、「ジャワ人は労働を通じて、神のもとに導かれるように命令すること」という一節です。これは、オランダ人が国王に依頼し、そのような命令をジャワ人に下してもらおうという趣旨です。ここでドゥローフストッペルは、「ジャワ人を労働に駆り

立てることは、正しいことなのだ」と確信するようになるのです。

ドゥローフストッペルが苛立っていたのは、ハーフェラールの物語から、ルバック県ではコーヒー栽培が行われていないことを知ったからです。そこで彼は次のように考えます。

「その土地をコーヒー栽培に向くように作り変えないから、オランダ全体に対する義務を果たしていないことになり、とりわけコーヒーの仲買人や、そう、ジャワ人自身に対する義務も果たしていないことになる。…（略）…あるいはまた、もし土地を作り変えることが無理だというなら、そこに住んでいる人々をコーヒー栽培に向いている地方に送り出せばよいのに、そうもしないのはやはり義務を果たしていないことになる」

彼の感覚からすれば、無知で文明を知らず、最終的に焦熱地獄で苦しむことになるジャワ人たちを救済しているのがオランダ人なのです。キリスト教徒たるオランダ人は、ジャワ人が「労働」を通じて「神のもと」へと向かうように、善導しなければならないのです。従って、ジャワ人たちをコーヒー栽培という労働に駆り立てるのは、悪事どころの騒ぎではなく、まさしく神の教えに従った真っ当な文明人の行為だということになります。彼らが永遠の焦熱地獄へ堕ちないために、「労働」へと善導してやることこそが、立派な行いだというのです。

当時のオランダ人の全てがドゥローフストッペルのように過激で単純な考え方をしていたと断言することは出来ません。しかし、全く根も葉もない極端な話をでっち上げたのでは、小説としてのリアリティーが欠け、植民地支配の現状を告発することにはなりません。当時の多くのオランダ人が直接口にしてはいないかもしれませんが、心のどこかで抱いていた思いを敢えて過激に表現したと考えておくのが妥当ではないでしょうか。

不正の告発が握りつぶされる

さて、話を再びハーフェラールの物語へと戻しましょう。

ハーフェラールの邸宅では困ったことが起こっていました。庭に多くの蛇が出現していたのです。息子を外で遊ばせてやれないのが彼の悩みでした。もちろん、こうした悩みを一気に解決する方法もありました。それは、法で定められた以上の住民を動員して、自らの邸宅の整備をさせてしまうという方法です。しかし、この地における不正を正そうと決意していたハーフェラールがそうした不正に手を染めることはありませんでした。

職権の濫用が横行していたことこそが、ジャワ島における不正の根本問題でした。ある人物が職権を濫用しようとも、なかなかそれは是正されることがなかったのです。官僚機構の中では、問題点を報告せず、万事順調であると報告することが好まれます。従って、各地の副理事官は理事官に対して万事が順調に進んでいると報告し、同様に理事官は、東インド政庁に対して、万事が順調に進んでいると報告します。そして、東インド政庁は本国の植民地相に対して、同様の報告をするのです。硬直した官僚組織では、とにかく波風を立てない無難な報告をすることが求められます。また、こうした官庁の腐敗はかなり深刻で、報告書においては問題点を報告しないどころか、虚偽の記載すら為されていました。

報告書に過酷な事実を記載すると、事が荒立つので、住民から苦情の相談を受けた副理事官は理事官に対して口頭で報告をするだけで済ませてしまうことも多く、結局、不正は正されずに放置され続けていました。

具体的には次のようなケースが多く見受けられたのです。

住民からの苦情の声を放置できないと考えた生真面目な副理事官は、レヘントを伴って理事官のもとへ報告に向かいます。その際、レヘントは住民が申し立てた苦情の全てを否定し、逆に、そうした証拠をあげて欲しいと居直ります。そこで苦情を申し出た住民が呼び出されることになります。しかし、住民は真実を口に出すことは出来ず、逆にレヘントに赦しを請い、自らが錯乱していて妄想を話してしまったといい、苦情を引き下げるのです。この場合、理事官としては、報告書にわざわざ余計な事柄を記載し、問題を荒立てることを避けられますし、レヘントは今まで通りの生活を続けることができます。同情すべきなのは、苦情を申し立てた住民です。彼らは虚偽の申告をした罪で鞭打ちの刑に処せられ、村で虐待されるのです。

こうした状況を放置できないと考えたハーフェラールは、覚悟を決めます。正式にレヘントを告訴することにしたのです。罪状は二つです。一つは、先程から何度も指摘した権力を濫用した労働力の不法な搾取、もう一つは、強奪です。強奪というのは、必ずしも住民の所有物を奪いつくしていくことだけを指すわけではありません。生産物を現物で納めさせ、支払いをしなかったり、不当な低価格で支払いを済ませてしまうことも「強奪」と呼べるでしょう。

こうした労働力の搾取と強奪という罪を告発されたレヘントは、一体どのような運命をたどることになるのでしょうか。

あろうことか、第一に怒りの声を挙げたのは、ハーフェラールの上司に当る理事官でした。個人的に私信をおくって相談するのではなく、直接公文書でレヘントを告発したことが、あまりにも非常識だというのです。もちろん、この背景には、理事官自体が上司に対し、こうした内容の報告をしたくないという思惑があります。私信の段階でレヘントを呼び出し、姑息な妥協で話を終わらせてしまいたかったのです。この際、証言した住民たちが犠牲にされるのは先に述べた通りです。レヘントの前で住民たちは委縮し、真実を語らず、搾取の実態を隠蔽し、嘘の告発をして、挙句の果てには申し訳なかったと謝罪までしてしまうのです。その後彼らを待ち受けているのは鞭打ち刑であり、村人からの虐待です。

住民を守るのが副理事官の使命であると考えるハーフェラールが、住民の命を危険に曝すわけにはいきません。彼はあくまで正々堂々と正面から告発することを望んだのです。

これに対し、理事官はハーフェラールと面会することを望みます。ハーフェラールを説得し、妥協させようというのです。しかし、ハーフェラールには妥協に応ずる気持ちがありません。罪なき住民が不当に搾取されておりながら、これを無視してしまうことなど出来ない性分だったのです。使命感に燃えたハーフェラールはあくまでレヘントを告訴することを望みます。処世術に長けた理事官は繰り返し説得し、自身に宛てた手紙自体をなかったことにしてほしいと望みますが、ハーフェラールはそうした要請を峻拒します。

結局、理事官は公文書で、ハーフェラールの提案を受諾することは出来ないと回答することになります。理事官はあくまで波風を立てずに、自らの任期を全うしたかったのです。

これに対して、ハーフェラールは断固抗議し、自らの告訴を政庁にまで届けるように懇請します。

結局、ハーフェラールの告訴は政庁まで届けられるのですが、政庁ではこうした告訴自体を認めませんでした。また、レヘントも理事官も職務に忠実であったと判断します。逆に、ハーフェラールは職員として「協議すること」、「思慮分別」、「慎重さ」を欠いているとの理由で、副理事官からの左遷が命じられます。全く道理に反した左遷を潔しとしないハーフェラールは、名誉のための辞任を申し出ます。

辞職願が受理されたのち、ハーフェラールは総督府に向かい、何度となく総督に会おうと努力します。しかし、総督は「多忙」を理由に面会を拒絶し続け、遂には帰国の日を迎えてしまうのです。

ハーフェラールの物語はここで終わるのですが、もう一つ、この小説の中に収められている物語を紹介します。これはハーフェラールの話とは関係なく、作者自身が創ったオランダ統治下のジャワ島の悲話で、同じ本に収められています。

ある一般的なジャワ島民の話

サイジャという少年の父は農家であり、水牛を一頭所有していました。しかし、農繁期の直前にその土地の有力者である郡長に水牛を取り上げられてしまいます。農繁期に水牛がいなければ、地租を納めることすら出来なくなってしまうと考えた父親は、自らの父親の形見であるナイフを売り、別の水牛を買うことにします。

当時七歳だったサイジャはすぐに水牛と仲良くなります。サイジャの一族の田圃の隣には将来結婚を約束していたアディンダの家族の田圃があり、サイジャはアディンダの兄たちとお互いの水牛を自慢しあっていました。

可愛がっていた水牛がサイジャの家を去ることになったのは、サイジャが九歳の時でした。またもや郡長に水牛が取り上げられることになったのです。

父親が次に売り払ったのは銀でできた蚊帳の釣り鉤でした。売り払ったお金で再び水牛を購入したのです。仲のよかった水牛を取り上げられたサイジャは泣き耽りました。しばらくの間、悲しみのあまり食事も喉を通らなかったのです。

程なくして、サイジャは新しく来た水牛とも仲良くなります。この水牛は肩の後ろに渦巻きがある不思議な水牛で、イスラムの導師たちはこうした渦巻きは「幸運の印」であると教えました。

ある日、サイジャの村に虎が出現します。サイジャは牛の軛《くびき》を外し、逃げようとしますが、水牛が暴れたために、サイジャはバランスを崩して地面に叩きつけられてしまいます。このとき、虎はすぐ傍にまで迫っています。水牛はサイジャのことを守るような形になりながら、虎に角を向けます。水牛は跳びかかってきた虎を角でしっかりと捕え、虎の腹を引き裂いたのです。肩に渦のある牛はまさに幸運の牛だったのです。

しかし、この水牛もまたサイジャが十二歳のときに郡長に取り上げられ、屠殺されてしまいます。

サイジャの父にはもう売り払うものがありませんでした。その後数年間は余所から水牛を借りて、なんとかしのいでいましたが、ついに税を納めきれず、逃走してしまいます。この後、母親は悲しみのあまり亡くなってしまいます。逃亡した父親は通行証を持っていなかったため、むち打ち刑に処され、警察によって連れ戻され、牢獄に入れられます。しかし、牢獄での日々は長いものではありませんでした。投獄され、幾日もしないうちにサイジャの父は死んでしまったのです。

父が逃走した日、十五歳になり大志を抱いていたサイジャはアディンダのもとを訪れます。バタヴィアにいる金持ちの馬車の助手として働き、金を貯めようというのです。三年間も働けば水牛を二頭程購入する資金が貯まるという話でした。

サイジャが気になっていたのはアディンダのことでした。自分が不在の間に、心変わりして他の男と結婚してしまうのではないかと心配だったのです。アディンダに結婚の意志を確認すると、純粋なアディンダはあくまでサイジャを待つといってくれます。

サイジャは、かつて、アディンダにジャスミンをあげたジャティの森のクタパンという木の下で再会することを約束します。新月のたびにアディンダの臼に一つの印をつけ、その印が三十六個刻んだその翌日、すなわち三年後の再会を誓うのです。

苦心の末、バタヴィアに到着したサイジャはアディンダとの再会を夢見て必死に働きます。真面目に働くサイジャは主人に気に入られ、召使に取り立てられます。三年の歳月が過ぎ、貯金も出来たサイジャは、アディンダとの再会のために、故郷へと戻ります。

約束したジャティの森のクタパンの木に辿り着くと、まだアディンダは到着していない様子です。翌日になってもアディンダは姿を現しません。辛抱強くアディンダを待ち続けますが、サイジャの胸に、アディンダが病気になってしまった、あるいは、死んでしまったのではないかという不安が込み上げてきました。

いてもたってもいられなくなったサイジャは、故郷に向かって狂ったように奔ります。しかし、サイジャはどうしてもアディンダの家を見つけられません。村中を走り回っても、どうしてもアディンダの家が見つからないのです。

必死にアディンダの家を求め、狼狽していたサイジャの姿を見た村人たちは、彼に心底から同情します。

アディンダの一族は既に村を去っていたのです。

郡長がアディンダの父から水牛を取り上げてしまったとき、悲しみのあまりアディンダの母親は死に、乳をくれる母を失った一番下の妹も死んでしまいます。地租を納められなくなったアディンダの父は処罰を怖れ、その地から逃亡します。このとき父はアディンダと弟も一緒に連れていってしまったのです。

呆然としたサイジャは不気味に笑い出し、しだいには一本調子で「僕はどこで死ぬんだろう」という歌を歌い始めます。しかし、サイジャが完全に錯乱状態に陥ったわけではありません。サイジャはアディンダの石臼を探し求めたのです。そこには三十二個の印が刻まれていました。つい数か月前までアディンダはその村でサイジャの帰りを待ち望んでいたのです。

サイジャはアディンダの父親が逃走したというランプン地方を訪れるために、船を購入します。もちろん、アディンダを探すためです。ちょうどそのとき、ランプン地方ではオランダ支配に対する反乱が起こっていました。

サイジャはオランダ軍に制圧されたばかりで、火の手のあがっている村に入っていきました。そこでアディンダの父親の遺骸を発見します。その隣にはアディンダの三人の兄弟たちの遺骸が転がっていました。そして少し離れたところには裸で、無残に乱暴されたアディンダの遺骸があったのです。

サイジャはオランダ軍の銃剣に我が身を差し出し、その地で斃れます。

その頃、オランダ国内では、敬虔なキリスト教徒たちが、神に対して感謝の祈りを捧げていました。

ハーフェラールの物語にせよ、サイジャとアディンダの物語にせよ、いうまでもなくムルタトゥーリの創作した物語です。フィクションであり、事実とは異なる物語です。しかし、こうした物語によってしか伝えられない真実があるのも事実だと思います。

ムルタトゥーリ自身が、この物語の中で、敢えて事実の列挙ではなく、小説という形で植民地の実態を暴露した理由を次のように述べています。

「たとえ細部には虚構があるとしても、全体的に見れば真実である」

「今手元にある強奪やゆすりの一覧表の写しを挙げるかわりに、自分たちの生活にぜひとも必要なものを奪われてしまった哀れな人たちの心の中に何が去来しているのかを描いてみたいと思った」

「無味乾燥な事実を挙げるかわりに、その事実にまつわる話をしたっていいではないか。その方がそうした事実を心の中に刻み付けることになるのではないか」

私はこの引用したすべての指摘に賛同します。科学的、実証的な歴史では伝えることの出来ない、人間の「悲しみ」、「怒り」、「義憤」を伝えるのが『マックス・ハーフェラール』なのです。我々が植民地統治とは何かを考える際の重要な導きの糸と呼んでも過大な表現とは思われません。

確かに当時のオランダによる搾取を実証的に分析することも大切でしょう。しかし、本当に理解すべきは、サイジャやアディンダのように罪なきままに斃れていった人々の哀しみであり、義憤に燃えたハーフェラールの高潔な志であり、植民地から遠く離れ、インドネシアの人びとを蔑視し、善導してやろうと考えていたキリスト教徒の独善でしょう。

こうした美しくもあり、醜くもある人間の姿を巧みに描き出すことが出来るのが偉大な文学なのです。

余りに過酷な植民地支配は一過性のものではありませんでした。二十世紀に到ってもこうした植民地支配の本質は変化することなく、存続しつづけたのです。

第六章　日本が求めた欧米列強と対等の地位

「独立自尊」という国是

さて、ここで再び日本史に戻ることにしましょう。激しい人種差別が当然のこととして是認され、植民地支配、収奪が当たり前の時代、開国を迫られた日本人が第一に考えていたのは日本国の独立を守るということでした。植民地にされてはならないという強烈な愛国心こそが、近代日本の原動力に他ならなかったのです。関税自主権が認められず、列強の治外法権を容認するという不平等条約を締結した日本は、何としても植民地となることなく、西洋列強と対等な国を作り上げていかねばならぬと必死だったのです。

明治維新による近代日本の建設とは、封建体制のような江戸時代のシステムを抜本的に改め、着物、髷、帯刀という様々な日本文化を捨て去る大改革でした。それは、昨日までの自分たちの在り方をほとんど否定するような行為に他ならなかったのです。しかし、様々な困難を経ながらも日本は近代国家を作り上げます。何とか独立国として生き延びなくてはならぬという情熱こそが近代国家成立の原点でした。

現在では否定的に捉えられることの多い大日本帝国憲法や、国会の開設にしても、素晴らしい偉業であったことを忘れてはなりません。根本的な我が国のあり方を壊すことなく、ヨー

現在の国会と連続性を持つ帝国議会衆議院の図

ロッパの流儀を受け入れ、西洋列強と対等な先進国として振る舞うために、我々の先祖が血の滲むような努力をした結果が、大日本帝国憲法の制定であり、国会の開設だったのです。日本は大東亜戦争で敗れるまで、憲法を停止することなく、国家を運営してきました。「統帥権」の問題等、大日本帝国憲法に様々な瑕疵《かし》があったのは事実です。しかしながら、日本人が憲法を停止することなく、近代国家のルールに則って国家を運営してきたことは誇るべきことだといえます。

　日清戦争、日露戦争といった国難に象徴される重大な危機を何度もくぐり抜け、辛くも独立を保ってきたのが近代日本の歩みです。繰り返しになりますが、近代日本において最も重要だったのは、日本が植民地にされてしまわないことであり、西洋列強と対等な立場の国家として活躍することでした。「独立自尊」こそが日本の国是だったのです。

さて、「独立自尊」を旨とする日本人の誇りを大いに傷つけた問題が「人種差別」の問題でした。日本人は劣等人種であるという偏見に基づいたアメリカにおける様々な排日運動は、日本人の誇りを大いに傷つけました。本章では、排日移民法をはじめとするアメリカにおける日本人差別の問題を取り扱うことにします。

戦前には多くの日本人が移民としてアメリカに渡ることを選択しましたが、この日本人移民がアメリカにおいて凄まじい差別を受けることになったのです。

アメリカにおける日本人差別が表面化するのは、一九〇〇年三月、サンフランシスコ市長が日本人及び中国人の居住地区の隔離を発表したことにまで遡ります。市内に発生した腺ペストという伝染病の拡大を抑えるとの名目でしたが、日本人や中国人がこの伝染病の発生に責任があったわけではありません。

不当に扱われていることに怒った日本人は、アメリカ日本協会を結成し、市長に対して猛烈に抗議をしています。

こうした日本人の動きに呼応し、サンフランシスコでは大規模な反日本人の集会が開かれることになります。日本人移民に反対する主張とは、「同化を拒む」、「低賃金を厭《いと》わず、アメリカ人労働者の生活水準を下げる」、「アメリカ人の受け入れられない生活水準を甘受する」、「民主主義を理解できない」の四点が主要なものでした。こうした反日本人移民の動きを恐れた日本政府は、日本人移民を制限することを決定したのです。

こうした日本人移民に対する反感が、行政の場で具体化したのが、日本人学童隔離事件です。一九〇六年十月十一日、サンフランシスコの教育委員会は、市内の全ての公立学校から日本人学童を隔離して東洋人学校へ強制的に通学させる決議を採択します。市内にはおよそ二万五千人の学童が存在しましたが、その中で日本人学童はたったの九十三名しか存在しておらず、具体的な問題が起こるはずもありませんでした。こうした教育委員会の決議に対して、日本人は人種差別の匂いを嗅ぎ取り、断固抗議します。

ところで、一九〇六年とは、サンフランシスコに大地震が起こった年でもあります。四月十八日にマグニチュード八クラスの大地震がサンフランシスコを襲ったのです。地震後の大火災も含めて、多くの人々が亡くなりました。こうした災害に対し、日本からは多額の義捐金が届けられます。その額は当時の金額で五十万円以上にのぼります。この額は、他の全ての国々から集まった義捐金の合計よりも多く、いかに日本人がサンフランシスコの大災害に心を痛め、被災したアメリカ人に同情していたのかがわかります。こうした日本人の善意を裏切る形で進んだのが日本人学童に対する強制隔離という措置だったのです。

外交問題に発展

日本総領事は、こうした事態を深刻に受け止め、強制隔離が決定された翌日に、口頭、書面で以て教育委員会に抗議し、決議の撤回を求めました。しかし、教育委員会が決議を撤回する意思はないことを明らかにしたために、総領事はカリフォルニア州知事に抗議書簡を送ります。しかし、州知事の対応も決議の撤回を拒絶する内容であったため、事態は新たな展開を迎えます。

日本人差別の問題が総領事の手に余る問題であり、重大な問題であると考えた林董《はやしただす》外相は、青木周蔵駐米大使に対し国務省に抗議するように訓示します。ここから、サンフランシスコにおける学童隔離問題は日米の外交問題にまで発展することになったのです。

当時のセオドア・ルーズヴェルト大統領は日米関係を重視していました。何故なら、アメリカはアジアにおいて軍事的に極めて弱い立場に立たされていたからです。アメリカは米西戦争の勝利によってフィリピンを領有していましたが、フィリピンは日本海軍の攻撃で簡単に陥落してしまうほど脆弱な状態におかれていました。日露戦争に勝利した日本海軍の存在をアメリカが怖れていたのです。

したがって、ルーズヴェルトは、日米関係を悪化させることを怖れ、事態の鎮静化に向けて動き出します。

様々な妥協案が提示されたのですが、最終的にまとまったのが、日米紳士協定の成立でした。アメリカが日本人移民を一方的に排斥することをしないという条件のもと、日本はアメリカ本土への移民を制限すると約束したのです。なお、この紳士協定で「アメリカ本土」とされているのは、ハワイ等のアメリカ本土以外に対する移民に関しては、紳士協定の対象外とするためです。日本が自発的に移民を制限するという形にこだわったのは、日本のみが差別的に扱われてはならないという日本の名誉を重んじてのものでした。結果的に日本からアメリカへの移民が減少することは構わないとしても、日本の名誉を汚されてはならないと考えたのです。「面子外交」、「体面外交」等とも揶揄されることもあるようですが、「独立自尊」を何よりも優先してきた近代日本らしい外交だったといってよいでしょう。

こうした日米双方の歩み寄りの結果、日米紳士協定が成立し、サンフランシスコ教育委員会は日本人学童に対する強制隔離決議を撤回することになります。

ここに無事、日米間の移民問題が解決したかのように思われますが、実際には、この移民問題が解決することはありませんでした。日本人に対する人種偏見は根強く、カリフォルニアにおける日本人移民排斥運動は収束することがなかったのです。

なぜ日本人が排斥されるのか

日本人に対する偏見とはいったいどのようなものだったのでしょうか。この事件より、時が下って一九三五年。得体のしれない「百人委員会」なる反日組織が機関紙『アメリカン・ディフェンダー』で次のような主張をしています。時期に若干の違いはありますが、人種偏見とは何かを考える際に大いに参考になります。


「日本人農家は野菜に砒素《ひそ》をかけている」

「彼らは人糞を肥料にしていて、その結果、赤痢菌が撒き散らされている」

「彼らはペルーで軍事訓練を行っている」

「日本人移民が棲みつく場所は彼らによって汚される。彼らはらい病患者の傷から流れ出る汚れた沁みのようにカリフォルニアを汚染する」

「日本人移民は灰皿から溢れ出そうな煙草の吸殻と同じだ。反吐が出るような悪臭を放ち、空気を汚す」

「不幸にもこうした日本人を目にしてしまった者は、気持ちが悪くなり、あわてて身を清めたいと思ってしまうほどだ」

およそ無根拠な妄想に基づくもので、いちいち反論するのも馬鹿らしいような内容です。しかし、人種偏見の恐ろしいところは、こうしたまったく無根拠で、冷静になって考えてみればバカバカしいデマが、さも「事実」であるかのように思われてしまうところです。差別されている人間が事実で以て反論しようとも、はじめから全くの「異質な他者」として認識されてしまえば、異なる点そのものが気に入らないということになるのですから、説得は成功せず、次々とデマの類が生まれてくることになります。

こうした人種偏見に基づいて、日本人を排斥するためにカリフォルニア州議会に提出されたのが、一九〇九年の排日土地法案です。日米紳士協定が成立した直後に、次なる排日の炎が燃え上ったのです。この土地法案は、五年以内に帰化しない外国人の土地所有を全面的に禁止する内容のものでした。「五年以内に帰化しない外国人」の土地所有を禁止しているので、必ずしも「排日」とはいえないのではないかと思われるかもしれませんが、これは、あくまで日本人移民を念頭に置いた法案だったのです。

後に詳しく検討しますが、当時、日本人移民にはアメリカ国籍が付与されることがありませんでした。従って、日本を離れ、何十年間アメリカに居住していても、アメリカ国籍が付与されることはなかったのです。

さて、排日を目的とした土地法案が提出されたのは先に見た通りですが、こうした法案に激怒したのがルーズヴェルトです。日米関係を重視していたルーズヴェルトは、こうした法案の提出が、紳士協定によって正常化した日米関係を悪化させることを恐れていたのです。従って、共和党の代表であったルーズヴェルトの強い意向、大統領の意向に誠実に応えようとしたカリフォルニア州のジレット知事の采配により、カリフォルニア州議会の採決で否決されることになります。

しかし、こうした大統領の高度な政治的判断にも関わらず、カリフォルニアにおいて排日の炎が鎮火することはありませんでした。排日の業火は、ますます激しく燃え盛ることになるのです。

「カリフォルニアを白く保とう！」という露骨な人種差別的スローガンを掲げた民主党がカリフォルニア上院で勝利を収め、さらにルーズヴェルトの方針に協力的で、排日運動に関して消極的だった共和党のジレット知事が知事選で敗れます。この段階で、カリフォルニア州における排日運動推進派と反対派の形勢が逆転するようになります。極めておぞましい話ですが、排日運動は偏見に囚われた多くの人々の熱狂的な支持を得ることが出来ました。それゆえ、政治家にとって排日政策とは、選挙の際に集票が見込める旨味のある政策だったのです。

さて、ここで日米紳士協定の欠陥について触れておかねばなりません。サンフランシスコ学童隔離事件を機に日米紳士協定が成立したことは先に述べたとおりです。この紳士協定の後、アメリカは日本人移民の数が減少することを望んでいましたし、日本もそうした事態を受け入れたはずでした。しかし、紳士協定の成立後も日本人移民は増え続けていたのです。

それは、日本人移民が日本に住む妻や子供を呼び寄せることが認められていたためです。もちろん、この紳士協定では、既に妻帯していた人々の家族がアメリカに移住することを想定していたのでしょう。しかし、実際には、「写真見合い」としてアメリカに移民する女性の割合が非常に多かったのです。

「写真見合い」といっても実感がわかないでしょうから、ここで簡単に説明しておきます。多くの独身の日本人移民の男性は、日本人女性と結婚することを望んでいました。しかし、当然のことながら、アメリカに在住している独身の日本人女性の数は少数でした。日本人女性が移民として渡ってくるのを待つのも一つの方法ではありました。しかし、そもそも日米紳士協定によって移民する日本人の数が制限されていましたから、ただ日本人女性を待ちつづけることは、現実的ではありません。そこで流行したのが「写真見合い」です。写真で選ばれた日本人女性が、実際には結婚していない日本人移民のもとへ花嫁として日本から呼び寄せられるという仕組みです。「写真見合い」は、日本人女性と結婚したいと思っている日本人移民の男性、アメリカに移民したいと考えている日本在住の女性の双方にとって納得のいく方法でした。しかも、こうした「写真見合い」は、日米紳士協定で禁止されておらず、合法的な行為でもありました。こうして、多くの「写真花嫁」がアメリカに移民することになったのです。

「排日土地法」が再度上程される

さて、日本人移民の多くが若く、写真花嫁の多くも若かったので、多くの子供たちが出産され、その結果、日本人の人口は増え続けていったのです。

日本人が紳士協定を破ることはありませんでした。しかし、紳士協定によって、日本人移民を制限できると考えていた人種偏見に囚われたカリフォルニア州の住民は、日本人人口が増え続ける事態に我慢がならなかったのです。

日本人移民の集住に対しても疑いの目が向けられました。アメリカ社会への同化を拒絶する人々が集団を為して住んでいると思われたのです。日本人移民は遵法精神を持ち、アメリカ人のライフ・スタイルに合わせようと努力はしてきました。衣類、家具、宗教的な慣習をアメリカの白人風に合わせていこうと努力をし続けたのです。しかし、彼らは完全に日本人であることを捨て去ることは出来ませんでした。彼らは肌の色までは白人風に合わせることが出来なかったのです。肌の色を以て人間の価値をはかるような野蛮に対し、日本人移民は対抗出来ませんでした。当時は、肌の色を以て人間の価値をはかる野蛮が横行していたのです。我々は、当時、黒人に対する差別が自明視されていたことを思い起こす必要があるでしょう。アメリカの黒人がいわれなき差別から解放されるためには、一九六〇年代のキング牧師率いる公民権運動を待たねばならなかったのです。肌の色が黒かった黒人が差別され続けたように、肌の色が黄褐色であった日本人も差別され続けたのです。黒人であれ、日本人であれ、いくら同化の努力を続けたにせよ、肌の色による差別は根深かったのです。

一九一三年、再度排日を目的とした土地法案がカリフォルニア州議会に提出されます。日米関係に支障が生じることを恐れたウィルソン大統領以下、政府首脳は様々な策を講じてカリフォルニア州議会の法案議決の阻止を図りますが、結局排日土地法が成立してしまうのです。これによって、帰化資格のない日本人の土地所有は制限されることになります。具体的には、帰化資格のない日本人の農地の借用は認められましたが、農地の所有は禁じられてしまったのです。

しかし、この排日土地法には抜け穴がありました。そもそも農地を三年にわたって借用することが可能でしたから、広大な農地を借用しながら農業活動に従事することは可能でした。

また、アメリカ国籍の「出生地主義」を利用する抜け穴もありました。

ここで簡単に国籍に関する「出生地主義」について触れておきます。

アメリカに移住した日本人に対し、帰化資格が与えられていなかったことは、先に触れた通りです。しかし、日本人の血が一滴でも入っていればアメリカ国籍を取得できなかったというわけではありません。アメリカの国籍は先程触れた「出生地主義」に立って決定されます。国籍に関する「出生地主義」とは、ある子供がその国で生まれた瞬間に国籍が付与されるという方法で、両親の血統を重んずる「血統主義」と対立する国籍付与方法です。それゆえに、日本人移民としてアメリカに移り住んだ日本人移民にはアメリカ国籍は与えられませんが、その子供たちは、生まれた段階でアメリカ国籍を持っていることになります。すなわち、両親は「アメリカ国民」になることはできませんでしたが、日本人移民の両親を持つ子供たちは、生まれたときから「アメリカ国民」であったのです。したがって、アメリカに移民してきた日本人移民が土地を所有することはできませんでしたが、自分たちの息子や娘の名義にすれば、土地を所有することが可能でした。農業に従事している人間が日本人であろうとも、その土地は紛れもなく「アメリカ国民」の所有地だったのです。他にも会社を立ち上げ、会社の株の五一パーセントを所有し、実質的に農地を所有することも可能でした。日本人移民たちは違法行為に手を染めることはありませんでしたが、何とか法の網目をかいくぐって農業を継続したのです。こう考えてみると、一九一三年の排日土地法案は、いわば、「ザル法」に等しい法律でした。しかし、名目上においても、「日本人の土地所有を禁じた」という一事が、排日勢力にとっての悲願の成就に他ならなかったのです。

抜け穴が残っていた排日土地法の施行以後、実質的に日本人移民の所有する土地面積が減少することはありませんでした。逆に、日本人移民の耕作する農地は増加し続けました。こうした日本人のやり方に対し、人種偏見に囚われたカリフォルニア州民が、苦々しく思っていたのはいうまでもありません。とりわけ白人農家は、日本人の耕作地が増え続けることに強い不満を抱いていました。

「排日」を掲げなければ選挙に勝てない

州民の間で「反日」、「排日」の機運が高まっていたことを政治家は見逃しませんでした。自らの政治的野心のために「反日」、「排日」を利用しようとする政治家が続出したのです。サンフランシスコ市長を務めたこともある民主党上院議員のフィーランは、一九二〇年に来る選挙において再選することを熱烈に望んでいました。しかし、民主党に対する支持は広がらず、情勢は極めて厳しいものでした。フィーランは、形勢を逆転するために排日運動を利用したのです。「カリフォルニアを白く保とう！」という露骨な排日スローガンを掲げ、日本人移民に対する嫌がらせ運動の先頭に立ったのです。彼は日本人移民が太平洋沿岸の占拠を狙っていると妄想し、日本人は「ずる賢くて、危険」だと訴えたのです。

民主党議員が「排日」運動に突き進んだのを受け、共和党の政治家も「排日」運動を開始します。全ての「排日」勢力が民主党を支持してしまうという事態を恐れたからです。当時のカリフォルニアでは、政治家は「排日」の旗を掲げていなければ選挙で当選できなかったのです。それほどまでに、カリフォルニア州民の間で人種偏見は根強かったのです。

下院議員の座を狙っていた共和党上院議員のインマン、同じく共和党員で次期州知事の座を狙っていた会計官のチェンバースが「排日」運動を大々的に展開します。彼らは「カリフォルニア州排日協会」を結成し、紳士協定の破棄や日本人移民の子供に国籍を与えぬよう憲法を改正することなどを目指しました。

こうして民主党、共和党の両党が排日運動に加担することになったのです。彼らは、抜け穴の多かった排日土地法に満足しなかった州民の期待に応えるべく、更に過激で過酷な排日土地法の成立に邁進することになります。従来の排日土地法の抜け穴を全て塞ごうとしたのです。農地の所有を禁止するだけでなく、借地権も認めず、日本人が半分以上の株を持っている会社による所有も禁止するように法律を改正し、日本人の農業を禁止しようと企んだのです。

しかし、ここで思わぬ横やりが入ります。スティーブンズ知事が排日土地法案に反対したのです。スティーブンズはインマンやフィーランに対して懐疑的で、彼らの「手柄」を作るような真似はしたくなかったのです。すなわち、スティーブンズは、自らの良識や常識から、第二次排日土地法の成立に反対したというよりも、個人的な政治的動機から、法案の成立に反対していたのです。

また、当時ヨーロッパではパリ講和会議が開催されており、そうした折に排日法案が成立することは、国際関係上好ましいことではありませんでした。そこで、当時国務長官を務めていたランシングは、排日法案を成立させないよう、スティーブンズに圧力をかけていたのです。

排日を訴えるポスター

州知事が排日法案に対して、非協力的な態度を貫いたために、過酷な排日土地法案が成立することはないように思われました。しかし、カリフォルニア州には、住民による「直接投票」によって法案が成立するという方法がありました。排日勢力は、この「直接投票」

によって排日土地法案を成立させることを目指したのです。カリフォルニアの州憲法では、住民投票によって成立した法案を政治家が覆すことは出来ませんでした。

一九二〇年一一月二日、住民投票が行われた結果、六六八四八三票対二二二〇八六票という大差で排日土地法案は可決されてしまうのです。当時のカリフォルニア住民たちが、いかに排日運動に熱心であったのかが理解できます。

カリフォルニア州で過酷な排日土地法案が成立したのは以上の通りですが、このカリフォルニア州の排日運動は、アメリカ全土にまで拡大することになります。

「排日移民法」の成立

ここからは、「排日移民法」の成立について考えたいと思います。

一九二二年一一月一三日、「帰化資格のない者」に関する連邦最高裁の判決が下ります。この判決は、この後の排日移民法の問題を考える際に極めて重要な判決ですし、先程までその過程を眺めた排日土地法を考える上でも重要な判決です。

この判決は、「タカオ・オザワ」という日本人に対して下された判決です。オザワはカリフォルニア・バークレー高校を卒業し、カリフォルニア大学バークレー校で三年学びました。自分自身はもはや日本人ではないと考えており、アメリカ人になりたいと望んだオザワは、アメリカの市民権を要求します。市民権を求めたオザワに対して、最高裁は拒絶する判決を下します。拒絶する理由は、「自由な白人」ならざる日本人のオザワは、アメリカ市民権を持つことが出来ないというものでした。すなわち、日本人とは、どれほどアメリカに居住しようとも、永久に市民権を持てない人種であると断定する最高裁判決が下ったのです。

こうした日本人を差別する判決に対し、日本国内では憤激の声があがります。しかし、こうした日本人の憤激を尻目に、さらなる日本人差別が法制化されることになるのです。

それが排日移民法の制定です。

日米紳士協定等により、日本からアメリカへの移民は年間二五〇名程度と極めて少数でした。しかし、愚かしい人種差別に凝り固まり、排日運動に血道をあげる勢力にとって、日本人排斥の法制化は、至上命題だったのです。

「アメリカ在郷軍人会」、「カリフォルニア州労働連合」、「カリフォルニア州農業連合」、「輝かしき西部の息子たち」の四つの組織からなる「カリフォルニア州合同移民委員会」は、排日移民法の制定を求める急先鋒で、盛んに排日の機運を高める運動を展開し、議会におけるロビー活動を展開しました。

移民帰化委員会は、「帰化資格のない移民」の入国を禁じ、日本国民の移民を一切認めない法案の成立を促す報告書を提出します。

　提出された報告書には次のように記載されています。

「同化しない人種の端的な例が東洋人移民であり、彼らはアメリカの社会、政治、経済にとっても脅威となりかねない存在である。そのため、現行の移民法によってすでに排斥されている東洋人移民だけではなく、日本人移民の完全な排斥も必要である」

　そもそも、肌の色の違う日本人はアメリカ社会に同化することが出来ない。そして、彼らは放置しておけば必ずやアメリカに対する脅威となる。これがアメリカ人の認識だったのです。

　日米紳士協定を遵守してきた日本は、国務省に対し、「考慮」を求め、必死に動き回りましたが、結局徒労に終わります。紆余曲折を経た結果、「帰化資格のない移民」が全面的に禁じられることが決定します。表面的には「帰化資格のない移民」とされていますが、該当するのが日本人しかいない以上、まさしく日本人を排斥することを目的とした法律が制定されたのです。以後、日本人移民は全面的に禁止されます。なお、このときに成立した一九二四年移民法は、トルーマン大統領が一九五二年に排日条項を撤廃する日まで継続し続けることになります。

排日移民法は、カリフォルニア州など、アメリカのごく一部の州で決定した法律ではありません。アメリカ全体の法律です。従って、極少数の良識派がいたことは事実ですが、多くのアメリカ人が日本人の排斥を望み、そうした政策を支持したといって間違いありません。

それは根本的には、肌の色が異なるという人種の問題に帰着する人種差別の問題だったのです。

日本人が感じた恥辱と怒り

こうしたアメリカの人種差別に対して、日本国民は憤激します。

『読売新聞』は、排日移民法の成立を「有色人種への挑戦」と位置づけ、『時事新報』では「日本国民に対する最大の冒涜にして損傷」だと見做しています。また、『東京朝日新聞』では、排日移民法の成立を、「三国干渉にも劣らぬ新困難」であると報道しています。言うまでもなく、「三国干渉」とは日清戦争の直後、ロシア、フランス、ドイツの三国の干渉により、日本が戦勝によって得た遼東半島を放棄させられた国辱です。当時、国民は「臥薪嘗胆」を合言葉に、雪辱を誓ったのです。

排日移民法の制定により、日本国民の多くが憤激したのです。

アジア主義を唱えていた国粋主義者の内田良平は、排日移民法の成立に対して次のように述べています。

「人種差別待遇と我国民に対する大侮辱は、日本帝国に生を受くる者の到底忍び難き処である」

排日移民法の成立に憤りを覚えたのは、国粋主義者ばかりではありません。ハーバード大学で法学を学び、セオドア・ルーズヴェルトと個人的に親しかった知米派の金子堅太郎は次のように落胆しています。

「四〇年にわたり日本とアメリカの友好のために尽くしてきた自分の生涯の希望がうちこわされ、もっとも冷酷な裏切りを味わった」

最も衝撃的だったのは、アメリカの排日移民法の成立に抗議し、諫死した日本人がいたことです。自決した日本人の名前は未だにわからないままですが、決意を綴った文章が遺されています。少し長いのですが、重要なことが書かれているので引用します。

「予が死を以て排日条項の削除を求むるものは貴国が常に人道上の立場より平和を愛好唱導せられ平和の指導者として世界に重きを思わしめつつある貴国が率先して排日法案の如き人道を無視した決議を両院通過して法律となるが如きは実に意外の感に耐えざるなり。人類生存上憤怒する場合種々あるも恥辱を与えられたる憤怒は耐え難きものなり恥しめられるべき事情ありて恥しめらる大いに悔い忍ばざるべからず故えなくして恥しめらる憤怒せざらんと慾するも耐え難きなり」

（『東京朝日新聞』一九二四年六月一日付）

「平和」を愛すると公言しているアメリカが、排日移民法のような人種差別法案を両院で可決したことを詰っているのですが、この法案が出来たことによる具体的な被害について触れられていないことが重要だと思います。彼が怒っているのは、日本人を差別する法案が可決されたこと自体なのです。排日移民法の成立によって日本、そして日本人は「故なくして恥《はずか》しめら」れ、日本人は大いに「憤怒」しているという内容です。

こうした憤りの念を京都帝国大学教授の末広重雄も指摘しています。

「もっとも之（排日移民法）に依って直接に我国の蒙る不利はさして大なるものでないとしても、日本国民の顔に『劣等国民』『望ましからぬ国民』の烙印を押すものであるから、一等国民として実に忍ぶべからざる侮辱である。国民の名誉の問題としては、極めて重大なる意義を有するものと云わねばならぬ」（括弧内引用者）

（「正義人道に背く米国両院の態度」『大阪朝日新聞』一九二四年四月二十五日―二十八日付）

末広の主張は明快です。直接日本が被る不利益以上に、日本、日本人が公然と侮辱されたことが許せないというのです。名を知られることもなく諫死を遂げた一国民にせよ、末広にせよ、彼らが憤っているのは、こうした人種差別によって経済的な不利益を被るからではありません。我が国を侮辱されてはならぬという強い「独立自尊」の精神が、彼らをして憤らせているのです。

日本人の誇り、自尊心が傲慢で偏狭なアメリカの人種差別法案を許すことが出来なかったといってよいでしょう。この憤りについては後にもう少し考察を深めることにします。

第七章　人種差別撤廃の理想を世界に問うた日本

「肌の色が違う」という全く理不尽な理由だけで人種差別が横行していたのが世界史でした。肌の色が違うだけで同等な人間として扱われず、奴隷のように扱われたり、時には虐殺された場合もありました。

人種差別撤廃条項

こうした理不尽な人種差別をなくそうと問題提起した国があります。我々の祖国日本です。

一九一九年、パリでは巨大な国際会議が開催されていました。これは、第一次世界大戦の終結を巡って、各国の利害関係を調整するための会議でした。日本の全権大使は西園寺公望《さいおんじきんもち》でしたが、実質的には次席全権大使の牧野伸顕《まきののぶあき》が采配を振ることになります。ちなみに、後の首相となる吉田茂は牧野伸顕の娘婿で、この会議に随行しています。パリ講和会議は、第一次世界大戦後の世界体制の在り方を論ずる大規模な国際的な会議でしたが、アメリカのウィルソン大統領によって一つの重大な提案が為されていました。国際平和機構「国際連盟」の設立という提案です。第一次世界大戦という悲惨な戦争の反省から、平和を守るための国際機関を設置しようと試みたのです。日本政府は、国際連盟の設立を人種差別撤廃の契機にしようと考えました。具体的には国際連盟規約に人種差別撤廃条項を付け加えようとしたのです。

一月二六日、珍田捨巳《ちんだすてみ》はランシング米国国務長官のもとを訪れます。この際、珍田は日本の国際連盟に対する態度を「抽象的」に語り、アメリカの意向を探ったのです。要するに、あまり具体的なことは伝えず、相手の出方を探ろうとしたわけです。ランシングの応答は日本の態度に好意的なものではありましたが、具体的な成果を得るにはいたりませんでした。ついで次席全権大使の牧野が珍田とともにウィルソンの腹心であるハウス大佐のもとを訪れます。いよいよ人種差別撤廃条項についての水面下工作を開始したのです。意外にもハウスは同情的な見解を披瀝します。意を強くした二人は、二月四日に具体的な文案を持って、ハウスを再訪します。

パリ講和会議に臨んだ牧野伸顕(左)と西園寺公望(右)

牧野らが提示した甲案は次のようなものでした。

「各国民均等の主義は連盟の基本

的綱領なるに依り締約国は其領域内に在る外国人に附与すべき待遇及権利に関しては法律上並事実上何人に対しても人種或は国籍如何に依り差別を設けざることを約す」

この提案はその国に居住する外国人を全てその国の国民と同様に扱えと主張しているわけではありません。その国に住む外国人に対する待遇を、国籍や人種によって変えてはならないということです。その国の国民と外国人との間で権利における区別があるのは当然としても、外国人の待遇を肌の色によって差別してはならないという意味です。仮にこの条項が定められれば、アメリカにとっては大きな痛手となったでしょう。何故なら、日本人だけが土地を所有できないように定めた排日土地法などはこの条項に違反していることになるからです。

案の定、甲案に対してハウスは直ちに難色を示します。

そこで牧野らは乙案を提示します。

「各国民均等の主義は国際連盟の基本的綱領なるに依り締約国は各自其領域内に於る外国人に対し法律上並事実上正当権力内に於て為し得る限り均等の待遇及権利を与え人種或は国籍如何に依り差別を設けざることを約す」

甲案に比べて乙案が譲歩した内容であることは明らかです。「法律上並事実上正当権力内に於て為し得る限り」の平等を求めるというのですから、法律そのものが人種差別を肯定していた場合、その法律をこの条項に違反しているとは批判できなくなるはずです。

随分と譲歩した乙案に対して、ハウスは賛意を示し、この人種差別撤廃条項を大統領提案としても構わないと述べます。人種差別撤廃条項が成立するかに思われた瞬間でした。

人種差別が国是のオーストラリアは断固拒否

しかし、人種差別は想像以上に根深い問題でした。

英国、とりわけ英連邦下のオーストラリア首相ヒューズが極めて強硬に人種平等条項に反対したのです。国際連盟の規約に人種差別撤廃条項が入れられるのならば、オーストラリアは国際連盟そのものに加盟しないとまでヒューズはうそぶいたのです。オーストラリアの強硬な姿勢をみたアメリカは、態度を硬化させ、人種差別撤廃条項に否定的な態度を取り始めます。

ヒューズが頑なな態度を取り続けたのは、彼の性格が頑迷《がんめい》固陋《ころう》であったためばかりではあ

オーストラリア首相ヒューズ

りません。今日からすれば、信じがたいことではありますが、オーストラリアの国是そのものが、人種差別を前提とするものだったのです。そうした国是を掲げたオーストラリアの首相として、ヒューズは頑なな態度を取り続ける以外に選択肢はありませんでした。当時のオーストラリアの国是を「白豪主義」と呼びます。「白豪主義」とは、言うまでもなく「白いオーストラリア」ということです。露骨な人種差別を掲げた国家の代表として、彼は人種差別撤廃を認めるわけにはいかなかったのです。

オーストラリアにおける人種差別の歴史は根深いのですが、ここで簡単にその暗黒の歴史を振り返っておきます。

意外なことですが、オーストラリアを最初に「発見」したのは、イギリス人ではありませんでした。ポルトガル人、スペイン人、オランダ人がアジアへの商業版図を拡張していく中、オーストラリアは偶然、「発見」されることになります。しかし、オランダ人らはオーストラリアが「不毛の地」であることに失望し、植民地化しようとはしませんでした。

繰り返しになりますが、その土地に人が住んでいるにも関わらず、オーストラリアを「発見」したなどといっていること自体が、白人至上主義の表れです。確かに白人たちにとっては「発見」かもしれませんが、その地に住む人々からすれば野蛮で横暴な余所者が侵入してきたということになります。

オーストラリアを従来の植民地とは異なった特殊な方法で利用しようと試みたのがイギリスでした。

当時のイギリスは自国で重い罪を犯した流刑囚をアメリカ大陸へ送っていました。しかし、一七七六年のアメリカの独立により、イギリスは流刑囚の送り先を失ってしまったのです。困り果てたイギリスが目を付けたのが「不毛の地」オーストラリアでした。こうしてオーストラリアは流刑植民地としてイギリスの植民地に組み込まれたのです。

植民地となった後、オーストラリアでは恐るべき人種差別が横行します。従来オーストラリアの地に住んでいたアボリジニたちが激しい人種差別の対象となったのです。後から乗り込んできたイギリス人たちはアボリジニを蔑視すると同時に恐怖していました。無法者たちはスポーツを行う感覚でアボリジニをライフルで射殺する「アボリジニ狩り」に興じていたのです。オーストラリアでは信じがたい野蛮が横行していたのです。近代兵器を手にした横暴な入植者たちの前に、為す術もなかったアボリジニの人口は減少の一途をたどることになります。

一八五一年、オーストラリアでゴールド・ラッシュが始まると、大量の中国人が金鉱掘りとしてオーストラリアに流入します。文化、慣習等が著しく異なる中国人とオーストラリアの白人との間に諍《いさか》いが絶えず、オーストラリアでは中国人流入者を制限する法案が成立します。流入を禁じたのは中国人だけではありませんでした。有色人種全般が移住を禁止されたのです。「白いオーストラリア」を守り抜かねばならないというのが、当時のオーストラリア国民の常識であり、良識だったのです。この「白豪主義」の象徴とも目されているのが、一九〇一年に成立した「連邦移住制限法」です。「連邦移住制限法」とは、中国人、インド人、日本人などの有色人種の移民を制限する人種差別法案でした。

こうした人種差別政策を堂々と掲げるオーストラリアが、日本の提唱した人種差別撤廃案に賛同するはずもなかったのです。

人種差別撤廃条項に期待した日本人

国際連盟の規約前文に人種差別撤廃の条項を挿入させることを諦めた日本は、宗教の自由を保障する連盟規約二一条に、人種差別撤廃に関する一文を加える戦術に切り替えます。日本が加えることを提案した一文とは次の通りです。

「各国均等の主義は国際連盟の基本的綱領なるに依り締約国は成《な》るべく速かに連盟員たる国家に於る一切の外国人に対し均等公正の待遇を与え人種或は国籍如何に依り法律上或は事実上何等差別を設けざることを約す」

この文言はアメリカのハウスに提示した内容よりも強い表現になっています。しかし、ただちに地球上から全ての人種差別をなくせと提案するのは、当時の常識からすれば、余りにも無謀であったため、「成るべく速やか」等の表現でその実現時期を明示していないのだと思われます。

しかし、この時議長を務めていたイギリスのセシルは、こうした問題が「激烈な論争の対象」であるため、挿入を避けたい旨を表明します。多くの国々がセシルの発言に賛同したために、日本の提案は実現には至りませんでした。その後文面を柔らかくし、なるべく受け入れ可能な提案を模索し続けましたが、結局、人種差別撤廃の条項を挿入することができない

国際連盟委員会。珍田捨巳日本駐英大使（前列左端）、牧野伸顕外相（前列左から２人目）、セシルイギリス封鎖相（前列左から４人目）、ハウス大佐（後列左から３人目）、ウィルソンアメリカ大統領（後列左から９人目）など

まま日時だけが過ぎていきました。

人種差別撤廃条項そのものを国際連盟の規約に挿入することが出来なかった日本ですが、最後の最後まで会議の場において人種差別撤廃に向けての提案をし続けます。

一九一九年四月一一日、国際連盟委員会最終会合の場において、牧野は国際連盟の前文に「各国民の平等及び其の国民に対する公正待遇の主義を是認し」という一句を挿入するように提案するのです。明確に反対の意向を表明したイギリスのセシル、採決そのものを避けようとするアメリカのウィルソンなど様々な妨害がありましたが、牧野は採決を取るように強く主張し、ウィルソンはしぶしぶ採決を取ります。議長であったウィルソンを除き、一六名中一一名が日本の提案に賛成します。

日本が勝利を収めたと思われた直後、議長のウィルソンが厳かに否決を宣言します。多数決で多数派が牧野の提案に賛同したにもかかわらず、議長により案件の「否決」が宣言されたのです。ウィルソンは「本件提議は全会一致を得ざるに依り不成立と認むるの他なし」と述べたのです。重要な案件であるがゆえに全会一致でなければ案件の成立は有り得ないというのです。有り得ないのはこうしたウィルソンの態度そのものなのですが、国際連盟の提唱者、「理想家」ウィルソンは、多数決を無視してまでも、人種差別を擁護する決断を下したのです。「理想家」と評されたウィルソンですら人種差別撤廃に賛同できなかったという事実ほど、人種差別の過酷さ、根深さを物語るものはないでしょう。思えば、アメリカにおいて法的に黒人差別がなくなるのは、キング牧師の公民権運動を待たねばならなかったのです。牧野は人種差別撤廃という大義を求めていたという事実を記録させるべく、議事録に

否決を宣言したアメリカのウィルソン大統領

経緯を記すことを主張します。こうして人種差別撤廃を求めた日本の提案は空しく否決されることになりました。日本国内で失望の声があがったのはいうまでもありません。

日本人の多くはこの人種差別撤廃条項に関して大きな期待を寄せていました。四月十三日付の『万朝報』では、「人種平等案」は一面からすれば、パリ講和会議そのものの「誠意を試す、一の試金石」であると指摘されています。要するに、この人種差別撤廃条項が認められなければ、パリ講和会議も、国際連盟も結局のところ無意味なものに過ぎないのではないかという指摘です。

国内では「人種差別撤廃期成同盟」が結成され、四月二四日には、帝国ホテルで三木武吉、内田良平らが三百名以上を集めて、人種差別撤廃条項の必要性を訴えています。代読された演説において大隈重信は次のように喝破しています。

「若しも今度の国際連盟案にして諸方面の利已的不合理なる主張に悩され其根本的要素たる人種問題を葬り去るが如きことあらば只失敗の痕跡を歴史に止むるに過ぎないであろう」

「人種問題」こそ「根本的要素」であり、この問題から目を逸らしては国際連盟の意味がないというのです。

なお、この「人種差別撤廃期成同盟」では、「日本国民は人種的差別待遇撤廃を認めざる国際連盟に加入せず」という決議を採択しています。

国際連盟に人種差別撤廃条項を挿入できなかったことから、人種平等の理念の実現そのものに対する諦めの声も上がってきます。

たとえば、「人種問題」との表題で記された四月十三日付『読売新聞』の記事には次のように記されています。

「人道や平等や公正や正義や凡《す》べて此等の理想的高遠の美名によりて白色人種に訴うるも、恐らくは何等の効果をも齎《もたら》すことなかる可《べ》し、吾等は我が足の大地を踏める間、今少しく人類進化の実際を正視して、空名の為に刻下の実務を観過す可からず」

この記事に従えば、いくら「人道」、「平等」、「公正」、「正義」等の美しい言葉で訴えたところで、人種差別の現状は全く変えることが出来ない。実現不可能な理想を追い求めるよりも、現在の日本にとって必要な「実務」をおこなっているより他に方法はないということになります。

また、やや皮肉を込めてですが、日本が人種差別撤廃の問題提起をしたこと自体を評価する声もありました。『大阪毎日新聞』で同年七月十日から始まった「私の観た人種問題」との連載で社会学者の高田保馬《やすま》は次のように述べています。

「私の目から見れば今度の人種平等の提案は一の消極的功績を有する。世界の白人文明国が正義人道を真向から振りかざして居るに拘《かかわ》らず、而《しか》もなお人種の差別的待遇を是認し得ると云う奇怪なる論理を暴露したる一事、これ一の消極的功績に非ずして何であるか」

日本が国際会議の場において、「人種差別撤廃」を公然と唱道し、否決されたこと自体は残念なことでした。しかし、人種平等の理念が否定されたことにより、「正義」や「人道」といった観念を振り回している「白人文明国」の中に、根深い人種差別の問題が残されていることを暴露することには成功したというわけです。

文化的な優越は差別を解消するか

では、一体どのようにすれば人種差別をなくすことができるのでしょうか。

一番簡単なのは、人種差別している白人たちが「正義人道の理想」を身に付けることです。しかし、高田によればこうした理想論は「百年河清を俟つ」類の話に他なりません。帝国主義者であれば、強大な軍備と国富を備えよと唱えるかもしれません。しかし、高田はこうした帝国主義的手段は誤りであると説きます。何故なら、国民間の差別の問題を国家間の問題にすり替えてはならないからです。国家の間で条約を締結したところで、国民の間の差別は消えないというのです。また、そうした帝国主義的手段を採れば、日本は孤立してしまうからでもあります。

高田保馬は人種差別撤廃に向けて日本が実際に行うべきことを次のように指摘しています。

「我国民をして文化的に優秀なる国民たらしめよ、此侮蔑は自らに消失して尊敬愛慕の念と変ずるであろう」

文化的に優秀になれば、我々に対する侮蔑の念が消え去り、逆に「尊敬愛慕の念」が生まれるはずだというのです。では、具体的に文化的に優秀であるとは、どのようなことを指すのでしょうか。

高田に従えば、それは「弱者の解放」を行うことに他なりません。高田は具体的に述べています。

「労働者を資本の束縛より解放せよ、婦人を因襲の鉄鎖より解放せよ」

結局、高田の人種差別撤廃に向けての論理とは、次のようなものです。労働者、婦人といった社会的弱者の地位を引き上げることにより、文化水準が向上するでしょう。文化水準が引き上げられれば、日本が軽蔑されることはなくなるでしょう。いな、むしろ日本は「尊敬愛慕の念」を以て遇せられるようになるはずです。決して、世界から孤立するような帝国主義の論理に従ってはなりません。

確かに、正論のように思われるのですが、高田の論理は、文化水準が引き上げられれば、人種差別はなくなるという大前提があってのものです。しかし、人種差別とは、本当に文化水準によって定められたものなのでしょうか。そして、客観的に文化水準を図る基準などというものは存在するのでしょうか。人種差別を行っている白人たちに「正義人道の理想」を身に付けさせることが困難なのと同様に、高田の指摘も現実味に乏しいものだったと言えるのではないでしょうか。

高田が危惧していた「帝国主義」的な論理を唱える人々が増えてきた事実も見逃せません。

一九二四年一二月二四日付の『国民新聞』には、「人種的闘争の暗流」と題した論説が掲載されています。少し長いですが、冒頭の部分を引用してみます。

「世界は、往年ヴェルサイユ会議に際して、日本が人種平等を提案せることを記憶して居るであろう。それは、実に人道上正義の声であったのであるが、併し無残にも一二強国の為めに一蹴し去られた。口先では正義人道、世界平和というような声は、月並的文句として、世界の隅々で唱えられる処であるが、背後に実力の無い声は結局空声に終らざるを得ぬ、若《も》し、あの場合に於て、日本が絶大な実力をもって居たならば、人種平等案の如きは、之を押し通すことが出来たであろう。而して世界の弱小国は、今日其の余慶に鼓腹することが出来たであろう」

まさに高田が危惧したとおりの主張といってもよいかもしれません。軍事力という実力さえあれば、我々の「人種平等」という正義を実現することが出来たのに、実力不足であったがゆえに、正義を実現することが出来なかったと悔やんでいるのです。

そして、この記事は、人種平等の理念が否定されたばかりではなく、事態はますます悪化していると続きます。

「世界政局の底流は、既に人種的闘争に向って奔流しつつあるのである」

「人種的闘争」とは余りにおどろおどろしい言葉です。世界の流れは、白人種と有色人種との間の闘争に向かいつつあるというのですが、ここで『国民新聞』は、「英国陰謀論」とでもいうべき陰謀論を展開しています。排日運動等で燃え上っているアメリカにおける人種差別をイギリスが巧みに利用して、日米が争うように仕向けているというのです。

こうした陰謀論に組するつもりはまったくないのですが、当時の人々が世界の潮流が「人種的闘争」に向かいつつあると感じていたという事実には注目する必要があると思います。

なお、この記事は、日本は「自重」して、「実力」を養って、人種平等の理念の実現に向かうべきだと締めくくられています。

アメリカにおける度重なる排日運動、そして人種差別撤廃条項の否定。「独立自尊」を掲げる日本人は人種差別の壁を突破できず、人種差別に苦しみ続けたのです。

我々が日本の近現代史を眺める際、理不尽な差別に対する憤りの念を忘れてはならないでしょう。

第八章　日本人が知らない大東亜戦争の大義

「私憤」から「公憤」への転化

我々は第一章で昭和天皇のお言葉を導きの糸として大東亜戦争と人種差別の関係について考えてきました。

改めて昭和天皇のお言葉を引用させていただきます。

「この原因を尋ねれば、遠く第一次世界大戦后の平和条約の内容に伏在している。日本の主張した人種平等案は列国の容認する処とならず、黄白の差別感は依然残存し加州移民拒否の如きは日本国民を憤慨させるに充分なものである。又青島還付を強いられたこと亦然りである。かかる国民的憤慨を背景として一度、軍が立ち上った時に、之を抑へることは容易な業ではない」

日本が国際連盟設立に際して提案した人種差別撤廃条項、すなわち「人種平等案」が否決されたこと、カリフォルニア州において排日移民法が成立したこと。これらの「黄白の差別感」から日本国民が「憤慨」したと述べているのです。また、ここで昭和天皇が述べておられる「青島還付」についても説明しておきます。

第一次世界大戦の勃発時、中国の山東省の青島はドイツの租借地でした。日英同盟に基づいて第一次世界大戦に参加した日本は、青島を攻撃し、占領しました。大戦後のヴェルサイユ条約では、青島の権益は日本に委譲されることが決定します。しかし、この後に、アメリカの圧力により日本の青島の権益が放棄させられることになります。この「青島還付」に関しては、人種差別の問題というよりも、お互いのパワー・ポリティクスの一環として位置づけた方が適切だと考えますので、これ以上は触れません。しかし、いずれにせよ、こうしたアメリカの圧力に対し、日本人が憤ったことは事実です。

さて、私がここから考えてみたいのは、「憤慨」という問題、「怒り」という問題です。昭和天皇は、人種差別的な政策が遠因となって大東亜戦争に至ったと述べておられますが、同時にそうした人種差別に日本国民が「憤慨」し、そうした「国民的憤慨」を背景に軍が立ち上がったと指摘しています。

我々は人種差別の歴史、そして近代において日本人が苦悩した人種差別について眺めてきました。しかし、この差別について考えるときに重要になってくるのは、「怒り」、「憤り」の感情です。

歴史を振り返る際、経済的権益を巡る衝突、領土を巡る衝突等々は原因が明確です。しかし、人はそうした「経済的権益」や「領土」のみを巡って戦争を起こしてきたわけではありません。名誉を汚されたとき、理不尽で不当な扱いを受けたとき、例え非合理的な選択かもしれませんが、義憤に駆られて事を起こすこともあります。

「怒りに身を任せる」などというと、大人げないと思われるかもしれませんが、必ずしもそうではありません。「怒り」とは、我々の「政治」を成立させる重要な要素なのです。

少し、戦争それ自体からは離れることになりますが、「怒り」と「政治」、「戦争」について触れておきたいと思います。

歴史を動かす原動力について考える際に、重要な指摘をした哲学者としてヘーゲルを挙げることが出来ます。

彼は古代の奴隷がどのようにして誕生したのかを考えました。自然のままで主人と奴隷の関係が存在していたはずはありません。何がきっかけとなって奴隷が誕生したのか。ヘーゲルはこの問題を考えました。

まず、ヘーゲルは人間は、他者によって「承認」されたいと願う生き物であることを発見しました。確かに、人間はより優れた存在であると他者から承認されたいという欲望に衝き動かされる生き物です。

オリンピックで優勝したい、と願うのは、経済的願望だけではなく、その種目に関して世界で最も優れた成績を収めた人物であると認められたいからに他なりません。

では、この承認願望が、どのような形で奴隷制を誕生させるのでしょうか。

ある二人の対等な男が存在します。出会った段階では、どちらが主人でも奴隷でもない、全く対等な関係です。

両者は、ともに、自らの方が優れた人間であると承認させようとして、闘争状態に突入します。

この際、片方の人間が死んでしまえば、勝者は生き残りますが、奴隷は誕生しません。相打ちしても奴隷は誕生しません。奴隷が誕生するのは、敗者が命だけは助けて欲しいと勝者に対して命乞いをした場合だけです。

このとき、主人は命懸けで闘う男であるのに対し、奴隷は命を守る為であれば、主人を優れた人間であり、自らを劣った人間であると認めてしまいます。

ヘーゲルが重視するのは、自らの生命を危険に曝してまで、自己を承認させようという人間の意志です。これは他の動物には存在しない感情だからです。動物は自己保存のためにのみ動きますが、人間だけは、時に自己保存という動物的な本能に反してまで、自らの生命を危険に曝すことがあります。

ヘーゲルはこの自らの生命を危険に曝してまで自らの承認を求める人間の魂の在り方を高

く評価しています。

いささか難解な表現ですが、ヘーゲルは次のように指摘しています。

「生命を賭けることによってしか自由は確証されないし、自己意識にとって、ただ生きていること、生きてその日その日を暮らすことが大切なのではなく、浮かんでは消えていくような日々の暮らしのその核心をなす一貫したもの——純粋な自立性（自主性）——こそが大切だということも、生命を賭けることなしには確証されないのである。生命を賭けない個人も人格として承認されなくはないが、この承認は独立の自己意識が承認されるという真の承認には及ばないのだ」

（ヘーゲル『精神現象学』）

簡単に言えば、いざというときに生命を賭してでも自己の存在を承認せよという人間にこそ、自立性が認められるのであり、生命を賭ける勇気のない人間には、真の自立性は有り得ないということです。

奴隷の平和ではなく、時として生命を死の危険に曝すことを選ばざるを得ない主人の方が、人間として優れているとヘーゲルは考えていたのです。

こうした人間の生命を賭してまで自らの価値を守ろうとする性質について、古代の哲学者たちも言及しています。

プラトンは『国家』の中で、魂を三つの部分に分類しました。「智恵」と「欲望」と「気概」です。

「知恵」と「欲望」について説明する必要はないでしょう。この二つに加えて「気概」が加わっている点が重要です。古代のギリシア語ではこの「気概」を「Thumos（スーモス）」と呼んでいました。

我々は、人間は「知恵」と「欲望」に基づいて動くと考えがちです。例えば、現在の政治科学や経済学で想定されている人間像とは、そうした理性と欲望に衝き動かされる人間像です。しかし、プラトン、ヘーゲルがいうように人間は「気概」によって動かされることがあるのも事実です。

例えば、アメリカの独立戦争はどうでしょうか。「代表なくして課税なし」というスローガンを掲げ、イギリス本国と戦ったのは、課税を拒否するという経済的動機だけではありませんでした。自分たちが、イギリス本国のイギリス人たちと対等に扱われないのはおかしい、自分たちを対等な存在として認めるべきだ。そうした承認に対する欲求、気概があったのではないでしょうか。

アメリカのキング牧師、南アフリカのマンデラ大統領の平等を求めた闘いも同じです。白人と黒人で差別することがあってはならない。我々黒人を白人と同等だと認めるべきだ。そういう承認に対する欲求を抜きに、この問題を語ることは出来ないはずです。「気概」は、歴史の全ての原動力ではありませんが、時として、歴史を動かしてきた重要な概念だといってよいでしょう。

こうした「気概」について、考える際に、極めて重要な古典文献がホメロスの『イリアス』です。

人間を衝き動かすのは、古代も現代も変わらないということを確認するためにも、『イリアス』を簡単に紹介することにします。

『イリアス』は次の一節から始まります。

「怒りを歌え、女神よ、ペレウスの子アキレウスの――アカイア勢に数知れぬ苦難をもたらし、あまた勇士らの猛き魂を冥府の王に投げ与え、その亡骸は群がる野犬野鳥の啖《くら》うにまかせたかの呪うべき怒りを」

ペレウスの息子、アキレウスは名だたる名将です。このアキレウスの怒りから物語は始まるのですが、彼をして怒らせた理由とは何だったのでしょうか。

当時、アキレウスはアカイア軍の総帥アガメムノンの下で、イリオスに攻め入っている最中でした。事の発端は、アガメムノンがクリュセイスという美貌の娘を手に入れたところにあります。当時のギリシアでは戦争において勝者は、敗者の中で美しい娘がいれば、捕まえ、自らの愛人とすることが許されていたのです。しかし、クリュセイスの父は、アポロンに仕えるクリュセイスという名の神官でした。クリュセイスは金銀財宝を携えて、娘の返還を求めて、アガメムノンに哀願しにやってきます。しかし、クリュセイスの美貌に魅入られたアガメムノンは、哀れな父親の嘆願をにべもなく拒絶し、さらに父親自身を侮辱します。

激怒したクリュセイスはアポロンに祈りを捧げます。自らの娘を略奪し、自身を侮辱したアガメムノン率いる軍勢に制裁を加えて欲しいと祈ったのです。

アポロンは、常日頃から熱心に捧げものをしているクリュセイスの願いを聞き入れます。アポロンはアガメムノンの軍勢に向かって次々に弓矢を打ち込んだのです。

神の怒りを恐れたアガメムノンは緊急会議を開きます。高名な占い師カルカスは、アポロンの怒りはアガメムノンがクリュセイスに恥辱を加えたからだと指摘し、クリュセイスを返し、生贄を供えれば、アポロンの怒りは鎮まるはずだと説きます。

アガメムノンは激怒し、カルカスを罵倒しますが、高名な占い師カルカスの言葉を無視するわけにもいきません。そこで、自分の戦利品であるクリュセイスを返すことは了承するが、皆に分配し終わっている戦利品の中から、新たに自分の分け前を差し出すように要求します。

ここでアキレウスは抗議の声をあげます。既に戦利品の分配は終了しており、将兵の戦利品を没収し、再分配すべきではないと説くのです。

激怒しているアガメムノンは、ここでとんでもないことを言い始めます。アキレウスの戦利品として認められていた頬美わしいブリセイスをアガメムノンに差し出せというのです。

怒り心頭に発したアキレウスは剣の柄に手をのばそうとしますが、そこにパラス・アテネという女神が登場し、アキレウスに思いとどまるように助言します。アキレウスは女神の言葉を受け、その場でアガメムノンに斬りつけることを思いとどまります。

アキレウスは、自身の方がアガメムノンと比べてはるかに剛勇であるにもかかわらず、アガメムノンの方がはるかに多くの戦利品を手にしてきたことを批判します。アガメムノンは国王アトレウスの息子でした。彼は「実力」ではなく「血統」によってそうした地位を得ていたわけですが、アキレウスはこの点を批判し始めるのです。そもそも「実力」のない人間が「血統」によって「実力」のある人間に指示を下し、「実力」のある人間以上の報酬を得ているのはおかしいというのです。

私が『イリアス』において注目したいのは、この怒りの論理の展開です。アキレウスが激怒したのは、自分の戦利品である美女を奪われたからです。自身の愛している美女を奪われて憤りを覚えることは「私憤」といってよいでしょう。しかし、「私憤」は「私憤」のままに留まろうとはしません。人は意識的にか、無意識的にか、自らの「私憤」を「公憤」に変化させようとするのです。「私憤」に駆られたアキレウスが問いかけるのは、統治者を決定するのは「血統」なのか「実力」なのかという普遍的な問いであり、「血統」による支配はおかしいという異議申し立てです。アキレウスの「私憤」は、時間を置くことなく、そしておそらく自らのなかで意識することもなく統治の仕方そのものを問う「公憤」へと変化しているのです。

私はここに一つの「政治」が誕生したのだと考えます。本書では詳しく触れることは避けますが、「政治」とは何らかの正しさを巡る議論であり、闘争です。往々にして主張される正しさの根底には、「怒り」が潜んでいます。そして更に「怒り」の淵源を探れば、「私憤」に辿り着くこともしばしばです。

随分と長く、『イリアス』を紹介してきましたが、この興味深い物語の続きは各自でお読みください。ここでは、「私憤」が「公憤」へとかわり、正義が主張されるようになるというメカニズムを確認して、次の議論へと進んでいきます。

開戦を支持した日本国民

繰り返しになりますが、日本が明治維新を成し遂げたのは国家としての「独立自尊」を守るためでした。絶対に植民地にはなるまいとの思いからでした。そのために近代化を急ぎ、江戸時代までの文化、慣習の多くを捨て去りました。大日本帝国憲法の制定、国会開設、強大な軍隊の設立……。それらは全て欧米の独立国が備えているものばかりでした。全てが綺麗事で済んだわけでもありません。日本自身が生き残るために、朝鮮を併合し、中国の一部に軍隊を派遣し、我が国の権益を守ろうとしてきました。

何とか欧米諸国に伍して、一人前の国家として振る舞おうと努力に努力を重ねてきたのが近代日本でした。

しかし、結局日本は完全に対等に扱われることはありませんでした。いわれなき人種偏見、人種差別により、常に日本は苦しめられてきたのです。

――日本を貶めるとは許せない。

――日本が侮辱されてはならない。

――日本人は劣等人種ではない。

多くの日本人が抱いてきた感情は、日本人にとっての「私憤」ともいうべき感情でした。

全ての人々が平等に扱われるべきだという感情が先にあったわけではありません。その証拠に、残念なことではありますが、日本人自身も、朝鮮人、中国人、黒人等を侮蔑する場合が多かったのです。しかし、排日土地法、排日移民法の成立等で日本人自身が侮辱されたとき、日本人は凄まじい憤りを感じました。そして、自らに対する侮辱を許しがたいとする「私憤」が、時を置くことなく、人種を原因とする差別そのものに対する「公憤」へと変化していったのです。

そうした「公憤」に基づいて為された問題提起が国際連盟の設立における「人種差別撤廃条項」の挿入でした。しかし、この提案が多数決で可決されたにもかかわらず、議長を務めたアメリカのウィルソン大統領によって否定されてしまったのは、前章までで確認した通りです。

こうした流れの中で大東亜戦争は勃発します。もちろん、人種差別の問題だけが戦争の原因ではありません。ここでは一々触れることはしませんが、多岐にわたる原因を求めることが出来るでしょう。しかし、忘れてはならないのが、人種差別に対する国民的憤りの念です。差別され続けてきたことに対する積年の怨みがあったことは閑却してはならないでしょう。

大東亜戦争の勃発に際して、多くの知識人たちが戦争を支持します。これはその知識人が愚かであったためではありませんし、軍部に騙されていたわけでもありません。人種による差別に憤りを感じていたからこそ、大東亜戦争を支持したのです。
『智恵子抄』で名高い高村光太郎は、大東亜戦争が勃発した昭和十六年十二月八日の感激を次のように記しています。

記憶せよ、十二月八日。
この日世界の歴史あらたまる。
アングロ　サクソンの主権、
この日東亜の陸と海とに否定さる。
否定するものは彼等のジャパン、
眇《びょう》たる東海の国にして
また神の国たる日本なり。
そを治《しろ》しめしたまふ明津御神《あきつみかみ》なり。
世界の富を壟断《ろうだん》するもの、
強豪米英一族の力、
われらの国に於て否定さる。
われらの否定は義による。

東亜を東亜にかへせといふのみ。
彼等の搾取に隣邦ことごとく瘠せたり。
われらまさに其の爪牙《そうが》を摧《くだ》かんとす。
われら自ら養ひてひとたび起つ。
老若男女みな兵なり。
大敵非をさとるに至るまでわれらは戦ふ。
世界の歴史を両断する
十二月八日を記憶せよ。

高村の興奮した様子が伝わってきますが、彼の主張が全く以て非論理的、非倫理的であるわけではありません。ナチス・ドイツはユダヤ民族の抹殺という恐るべき蛮行に手を染めましたが、日本の戦争にはそうした邪悪な意図はありませんでした。
東洋の人民を搾取し続けたアングロサクソンの支配を打ち破り、彼らが自らの非をさとるまで戦うというのです。他国を搾取する植民地支配など許せないという「公憤」がほとばしるような檄文です。

人種平等の理念と重光葵

日本の掲げた人種平等という「大義」、日本人の「公憤」を後世に伝えるべく尽力したのが重光葵です。

重光葵は駐英大使、外務大臣を歴任した戦前の日本が誇るべき偉大な外交官でした。終戦時に戦艦ミズーリにおいて降伏文書に署名した人物でもあります。

重光は隻脚《せっきゃく》の外交官としても知られますが、これは生来のものではありませんでした。昭和七年に上海において開催された天長節（現在の天皇誕生日）記念式典で爆弾を投げつけられ、片足を失ったのです。爆弾を投げつけられた際、国歌斉唱中であったため、重光は逃げようとしませんでした。その結果、爆発に巻き込まれ、片足を失うことになるのです。国家を熱烈に愛し、天皇陛下を尊敬してやまなかった豪傑らしいエピソードだといえます。

重光は外交官としての心得を次のように記しています。

「自分は戦場に於て討死の覚悟である。若し今日爆弾に倒れるとも、夫れは外交戦線の先端に居るものの真に本望とする所であるのである。況や自分の如きものが夫れによつて我が帝国の将来の外交に何等かの魂を入れることが出来るならば望外の幸であると思ふた」

重光は国家の為に文字通り全身全霊を捧げる覚悟で外交官として活躍していたのです。

さて、彼のみるところ、第一次世界大戦後のヴェルサイユ条約によって形作られたヴェルサイユ体制とは、様々な矛盾を抱えた体制に他なりませんでした。そうした矛盾の一つとして、民族自決の原則が東洋では無視されたことがあげられます。

重光葵

「民族自決」とは、アメリカ大統領のウィルソンが提唱した概念で、その民族の問題はその民族に決定させようとする考え方です。この民族自決の原則に従って、東欧ではポーランド、フィンランド、バルト三国等が独立を果たします。
しかし、この民族自決の原則がアジアに適応されることはありませんでした。多くの植民地が独立することを好まないイギリス、フランス等が反対したために、アジアにおける「民族自決」は見送られたのです。

こうした事態に対し、重光は極めて批判的です。

彼の手記から引用します。

「東洋に対しては亜細亜植民地の観念は何等改めらるる処なく、即ち東洋人に対しては人種の平等が認められぬのみでなく、民族主義の片鱗をも実行せられなかつた。東洋を永遠に西洋の奴隷であるとする考えが尚維持されたのは非常な矛盾であつた」

（『重光葵　手記』）

重光の分析に従えば、アジアにおいて「民族自決」が認められないのは、東洋を西洋の「永遠の奴隷」にしておこうという考え方が根強いからに他なりません。

大東亜戦争が勃発した後、重光にとっての懸案事項は、いかに日本の大義を世界に、そして後世に知らしめるのかという一点に絞られました。そこで彼が構想したのが、大東亜会議であり、大東亜憲章でした。

彼にとって大東亜戦争の戦争目的とは、極めて明確なものでした。

再び重光の手記から引用します。

「東洋の解放、建設、発展が日本の戦争目的である。亜細亜は数千年の古き歴史を有する優秀民族の居住地域である。亜細亜が欧米に侵略せられた上に其植民地たる地位に甘んずる時機は已に過ぎ去つた」

（前掲書）

欧米の植民地支配を打破するということ。それこそが大東亜戦争の目的に他ならないと重光は確信していたのです。

大東亜会議の意義

昭和十六年八月十四日、ルーズヴェルトとチャーチルはプリンス・オブ・ウェールズの甲板で大西洋憲章に署名します。そこには領土拡大の意図がないことや主権、自治を奪われた民族への主権、自治の復活を希望することなどが八項目にわたって述べられています。

しかし、「民族自決」がヨーロッパに限定されたものであったのは、第一次世界大戦後のヴェルサイユ条約で明らかでした。大西洋憲章においても、植民地支配についての明確な言及はありませんでした。

こうした大西洋憲章に対抗して、堂々と「植民地支配の打破」という日本の大義を掲げる「大東亜憲章」を策定しようと試みたのが重光なのです。

昭和十八年十一月五、六日、大東亜会議が東京で開催されます。会議に参加したのは主として左記の人々です。

バー・モウ首相（ビルマ）
張景恵総理（満州国）
汪兆銘院長（中華民国）
東條英機首相（日本）
ワンワイタヤコーン殿下（タイ）
ラウレル大統領（フィリピン）
チャンドラ・ボース首班（自由インド仮政府）

「主として」と述べたのは、他にも多くの閣僚が東京を訪れていたからです。例えば、ビルマはバー・モウの他に戦争協力相ウ・トン・アウン、駐日大使ウ・ティ・モン、外務次官ウ・シュエ・ボウ外務次官も大東亜会議に出席しています。

大東亜会議についてバーモウは自伝の『ビルマの夜明け』で次のように書き記しています。

「あらゆる観点からみて、それは記憶さるべき出来事だった。この偉大な会議はアジアにわき起こっている新しい精神を初めて体現したものであり、それは十二年後、アジア・アフリカ諸国のバンドン会議で再現された精神であった」

大東亜会議とは、人種平等の理念という「新しい精神」を体現した、「記憶さるべき出来事」だったのです。

ここからは、各国の代表者の演説の一部分を紹介します。出典は全て実際に大東亜会議に出席したバーモウの『ビルマの夜明け』からです。

東條英機は、「大東亜新秩序」の意義について語ります。

「大東亜の各国が共同して、大東亜の安定を確保し、共存共栄の秩序を建設することは各国共同の使命であると確信する。…（略）…大東亜の各国は相互に自主独立を認める一方、同胞としての友誼を確立しなければならない」

中華民国の汪兆銘は各国が互いの「自主独立」を認めることの重要性を説きます。

「大東亜各国はそれぞれ自らの国を愛し、その隣国を愛し、ともに東亜を愛すべきである。…（略）…東亜各国はおのおの、その本然の特質を持つがゆえに、自主独立を確保し、また互いにその自主独立を尊重することが必要である」

タイのワンは新しいアジアの精神として、次のようにその原則を述べます。

「東亜に恒久的繁栄をもたらす原則は相互の独立と主権を尊重し、互恵の基礎に立って、相互の経済関係を増進し、正義に従って相互に協力援助し、もって物質的、道義的、精神的力を含む各国力を最高度に増進し、各国ならびにこの地域全体の平和、幸福、繁栄を確保するにある」

満州国の張景恵は、満州国の意義について述べます。

「新しい東亜の意識に目覚め、古い東洋の倫理的教義の上に樹立された、強く正しい国家としての満州を全東亜の安定勢力にするということが、われわれの目標である」

フィリピンのラウレルは、「大東亜共栄圏」がアジア各国の繁栄のためのものであることを強調します。

「大東亜共栄圏はこの地域の一特定国の利益のために確立されるものではない」

ビルマのバーモウは大東亜会議の歴史的意義について指摘します。

「過去、ずいぶん長い期間と思われるが、今日、われわれが一堂に会するように、アジアの各国民が会合することは、とうてい考えられなかったことである。しかし不可能なことが現実となった。…（略）…本日の会議は偉大な象徴的出来事である」

インドのチャンドラ・ボースも大東亜会議の意義について述べています。

「この会議は戦勝者間において、戦利品を分割するための会議ではない。これは弱小国を犠牲に供する陰謀の会議でもなければ、弱い隣人をあざむこうとする会議でもない。この会議は解放された諸国が正義と民族主権、国際関係における互恵、相互援助という神聖な原則に基づき、世界のこの地域に新秩序をつくり出そうという会議である」

会議に参加し、演説した各国の代表者が説いたのは、大東亜会議の世界史的意義でした。欧米の植民地支配を打破し、各国の独立と主権を尊重しながら、共存共栄の道を歩みたいというのが、各国首脳の願いに他ならなかったのです。

こうした各国首脳の思いを基に「大東亜共同宣言」が採択されます。全文を巻末に収録してあるので是非ともご覧ください。大東亜戦争で掲げた「大義」が明確に示されております。

さて、ここまで日本の掲げた「公憤」、「大義」について述べてきました。ここからは、現実に日本人がどのような態度で戦争に臨んだのかを確認しておきましょう。

実際にアジア諸国に出征した軍人たちの中には、横暴で冷酷な人々が存在しました。まことに残念な話ですが、自身の権威、権力を要求し、アジアの人々を奴隷のように使役する軍人がいたのです。また、自分たちの命令に従わない人々を「平手打ち」にするなど、暴力も横行していました。かつての植民地支配を行っていた白人たちと変わらぬ姿に失望させられたアジアの人々は数え切れません。日本が掲げていた大義と実際の日本軍の行動との間に乖離があったことは認めなくてはならないでしょう。日本人は全く美しいことしかしなかったというわけにはいきません。

しかしながら、こうした一面のみが過度に強調されることがあってはならないでしょう。日本人は戦争に際し、自らの大義の旗を掲げて戦ったのです。例え、それが「大義名分」に過ぎないといわれようとも、大東亜戦争とは、何の「大義名分」も立たない戦争ではなかったのです。

日本人の残虐な行為を実際に見聞し、その非についても十分に指摘した上で、バーモウは大東亜戦争で日本が果たした役割について次のように総括しています。

「現在でさえ――植民地の数知れない人々に解放をもたらすために、日本の果たした役割を何者も抹殺することはできないのだ。

帝国主義と植民地主義の終わりを運命づけた、日本の太平洋および東南アジアでのめざましい勝利、戦時中、日本が設立を助けた民族の軍隊、そしてそれがアジアの多くの地域で生み出した新しい精神と意志、東南アジアの数ヵ国に樹立した独立国および他の交戦国が自分の植民地内では、独立についての話さえ禁止していた時に、日本が承認した自由インド仮政府、そして最後に、無から新しい大国として立ちあがった時に全日本民族によって示されたアジア精神の不可侵性、これらは、過ぎ去った戦時下の緊張と激情と裏切りをしのいで、歴史の総決算の中に残るであろう」

日本人は侵略のための侵略に明け暮れていたわけではありません。ナチス・ドイツのように一民族を殺戮し尽くそうなどという野蛮で残酷な計画を立てたわけでもありません。世界制覇を考えていたわけでもありません。日本は邪悪で野蛮な国家だったわけではないのです。しかし、日本人が行ったことが、全て美しく、正しいことであったということも不可能です。法を逸脱する行為があったのも事実ですし、倫理的に指弾されるべき破廉恥な事件があったのも事実です。

ただ、どうしても強調しておきたいことがあります。それは、我々の父祖は何の理由もなく闇雲に戦争を始めたわけではないということです。領土的野心、経済的理由等様々な理由があったのは事実ですが、我々の父祖が立ち上がった大義がありました。先程述べてきたように、「大義」や「公憤」といったものは、「私憤」から生まれることが多いものです。日本が大義として掲げた「人種差別撤廃」、「植民地支配の打倒」も、度重なる日本人への侮辱に対する憤りに端を発したものであり、日本の歩みとは理想や理念のみを追い求め続けたものとはいえません。

しかし、我々の父祖が掲げた「大義」それ自身に誤りはなかったはずです。国際機関に「人種差別撤廃」を訴えることは間違ったことではありません。「植民地支配の打倒」も決して誤った大義とはいえません。

我々の祖国日本の歴史は決して汚辱にまみれたものではありません。我々の先祖の血の滲むような努力と犠牲によって築き上げられてきたものです。

無根拠に祖国の歴史を貶め、呪いつづけるのは、もういい加減にしましょう。いわれなき贖罪意識に苛まれるのもやめましょう。

曇りのない眼でゆっくりと日本の歩みを見つめなおしてみたとき、我々は自然と先祖に対して感謝と畏敬の念を抱くことができるはずです。

補論　日本とドイツが犯した罪

最後に、日本の近現代史を考える上で極めて重要な問題についてお話しさせて頂きます。日本はナチスと同じような犯罪を行ったのかという問題です。多くの人々が戦時中の日本とナチス・ドイツを同一視しているようです。ドイツは謝罪をしているのに、日本は謝罪が足りないなどの議論もしばしば耳にします。

果たして、戦時中の日本はナチス・ドイツと同様の野蛮な国家だったのかを考察してみたいと思います。

戦前の日本が軍国主義的であったのは間違いのない事実です。当時の日本では完全なる言論の自由が保障されていなかったし、国家の中枢に軍人が存在していて、彼らを無視した政治を行うことなどできませんでした。昭和前期の日本とは、完全な自由と民主主義が保障された国家ではありませんでした。この点のみ取り上げれば、日本とナチス・ドイツとは同様の軍国主義国家であったといえなくもありません。しかし、問題になるのは、両国が犯したとされる犯罪の種類です。

日本軍が犯したとされる犯罪は全て戦争犯罪といってよいものです。例えば、戦時下においても、民間人の殺害などは国際法で禁じられていますので、仮に日本軍が民間人を殺害したとすれば、これは戦争犯罪に該当します。

ここで問題になるのが、ナチス・ドイツが犯した犯罪についてです。もちろん、ナチス・ドイツは数々の戦争犯罪を犯しています。しかし、我々が注目しなければならないのは、ナチス・ドイツは戦争犯罪とは比較にならない程の罪深い犯罪に手を染めていたということです。

ナチスは数百万人にのぼるユダヤ人を虐殺しました。これは、戦争犯罪ではありません。戦争とは無関係なユダヤ人、自国内に住むユダヤ人全てを殺戮し尽くそうと企んだのがナチス・ドイツなのです。

この恐るべき犯罪を実際に目撃した一人のポーランド人がいます。ヤン・カルスキという人物です。ナチス・ドイツ、ソ連という二つの全体主義国家に挟まれたポーランドは、ヒトラーとスターリンの密約によって、独ソ両国に分割されてしまいました。このとき、ポーランドでは地下政府が組織され、多くの愛国者がポーランドの再興を願い、文字通り命がけのレジスタンスを実践しました。カルスキもレジスタンス組織の闘士として、各国間の連絡員を務めました。彼の著作を読むとスパイ映画顔負けのスリリングなエピソードの連続で本当に驚かされます。

カルスキがワルシャワを訪れたとき、二人のユダヤ人と会談します。その際、ユダヤ人はユダヤ人の陥っている苦境を次のように語っています。

「ドイツ人は、ポーランド人、あるいはほかの被征服民族をそうしたように、わたしたちを奴隷にしようとしているのではない。彼らが望んでいるのは、ユダヤ人をすべて絶滅させることなのです。明らかな違いはそこにある」

（ヤン・カルスキ『私はホロコーストを見た　下巻』白水社）

ユダヤ民族の絶滅。

服従を求めるのでもなく、搾取しようというわけでもありません。文字通りの「絶滅」こそがナチスの狙いだというのです。当時、多くの人々は、いくらナチスとはいえ、そこまで野蛮な犯罪に手を染めるとは信じることが出来ませんでした。

この会談の後、カルスキは実際にユダヤ人が収容されていたゲットーに潜入し、ドイツ人たちが罪なきユダヤ人を大量に虐殺している様子を目にしています。

この世のものとは思えない悪臭が漂うゲットーでは、裸の死体が転がり、飢えに苦しむ人々が生きる気力もなく空虚な目を光らせています。

カルスキにとって衝撃的だったのは、ゲットー特有の「狩り」を目撃したことでした。ドイツの思春期と思しき二人の青年が、ユダヤ人を探し、銃で撃ち殺し、陽気に歓声を上げ、楽しそうに引き返していったのです。人を殺しながら、明るく振る舞う青年。ユダヤ人を殺すことに何の躊躇も感じておらず、得意げになっている青年たちを見たカルスキの衝撃は、計り知れないものであったと思われます。

またカルスキは、ユダヤ人たちが貨物列車に乗せられる場面も目撃しています。ドイツ兵たちに銃で脅され、ユダヤ人たちは貨物列車に乗せられます。人間としての尊厳など一切認められず、常識では到底入りきらない程多くの人々が無理矢理に貨物列車に乗せられます。その貨物列車の中には生石灰が敷き詰められています。生石灰は水に触れると化学反応を起こし、泡立って、高熱を発するのです。無理矢理押しこめられたユダヤ人たちの汗が床に落ちると、生石灰は化学反応を起こすのです。こうして罪なきユダヤ人は貨物列車の中で残虐に焼き殺されていくのです。焼き殺されたユダヤ人を乗せた貨物列車の行く先は、草原の真ん中です。ここには若くて屈強なユダヤ人が待機させられています。ナチスはユダヤ人の遺体の処理をユダヤ人に行わせたのです。遺体処理をさせられていたユダヤ人は、自らが貨物列車に乗せられる日まで同胞の遺体を処理し続けなければならないのです。

戦争とは関わりのない巨大な犯罪。ある集団そのものを破壊し、絶滅させようという企ては「ジェノサイド」と呼ばれています。情け容赦なくユダヤ人を殺戮し尽くそうとしたナチス・ドイツとは、まさにジェノサイドという許されざる犯罪に手を染めた国家であったのです。

日本軍が行ったとされる戦争犯罪。これらの全てが事実であるのか、私には検証できません。しかし、確実にいえるのは、日本がジェノサイドを企てたことはないということです。日本軍によって殺された人々がいたという事実は動かせないとしても、日本は国家の政策として一民族を絶滅させようなどとはしていません。日本はアメリカと同様に戦争犯罪を犯しましたが、ジェノサイドとは無縁の国家でした。従って、ナチス・ドイツと日本が同様の犯罪を犯したという認識は、全くの事実誤認だといわなければなりません。

さて、ここで改めてジェノサイドについて説明しておきます。日本人は戦争の悲惨さについて語りますが、ジェノサイドの悲惨さについては語りません。ジェノサイドを理解することは、歴史を理解する上でも、現代政治を理解する上でも必要不可欠です。

「ジェノサイド（genocide）」とは、二十世紀になって発明された造語です。ギリシャ語の「民族」「部族」を意味する「ジェノ（genos）」と、ラテン語「カエデレ」から派生し、「殺す」を意味する「サイド（cide）」を結合させて創られたのです。ポーランド系ユダヤ人のラファエル・レムキンという人物が、自らの人生を賭けて創り出したのが、この「ジェノサイド」という言葉でした。

レムキンが「ジェノサイド」という言葉を作り出さねばならぬと決意したのは、トルコの前内務大臣タラートパシャが暗殺されたときでした。タラートを暗殺したのは、ソグモン・テリリアンという名の二四歳のアルメニア人でした。

アルメニア人によるトルコ政府要人の暗殺。この暗殺事件の原因はトルコ政府によるアルメニア人の大量虐殺でした。

第一次世界大戦に参戦したトルコは、国内のアルメニア人の大量虐殺という犯罪に手を染めます。一九一五年の春、トルコはアルメニア人をトルコの東部からシリア砂漠に向けて移送する計画を立て、実施に踏み切ります。しかし、この移送は移送先がない不思議で残虐な移送でした。すなわち、アルメニア人たちが死に絶えるまで移送が続けられるのです。

アメリカのジャクソン領事はアルメニア人が語ったこととして次のように述べています。

「五三日目に彼らは他の村に着いた。ここでクルド人は彼らの持ち物すべてを、シャツからズボンまで奪った。そして五日間、隊全体は皆裸で灼熱の太陽の下を歩いた。さらに五日間、一片のパンも一滴の水もなかった。彼らは渇きで死にそうであり、数百人が次々と道中で死に、死んだ人の舌は褐色に変色した。五日目の最後に彼らは泉に着き、隊全体は当然泉に殺到したが、警察官たちが泉の前に立ちはだかり、彼らが一滴飲むことも禁じた。

警察官が水一杯を一・三リラで売りたかったからである。時には金を取りながら、水を与えないこともあった」

（松村高夫「トルコにおけるアルメニア人虐殺（一九一五—一六年）」松村高夫／矢野久編著『大量虐殺の社会史』ミネルヴァ書房）

タラートを暗殺したテリリアンの家族もタラートの命令により、強制移送されました。憲兵たちはテリリアンの妹たちを林に連れ出し、強姦した後に殺しました。次いで二二歳になった兄が頭を斧で叩き割られて殺されます。母親は憲兵に銃殺されました。テリリアン自身は強く頭を殴られ、意識不明になります。意識不明の状態を見て憲兵たちは、テリリアンを死体として取り扱いました。数時間後、虐殺されたアルメニア人の遺体の転がる野原でテリリアンは意識を回復するのです。

怒りに燃えたテリリアンがタラートを暗殺したのは、先程紹介した通りです。この時、テリリアンは「殺人者」として取り扱われ、タラートは「被害者」として取り扱われたのです。レムキンはこの事実に憤りを感じたのです。人を一人殺したテリリアンは「殺人者」となるのに、アルメニア人の大量殺戮を命じたタラートが「殺人者」とならないのは何故なのか、という激しい疑問が生じたのです。レムキンが教授に疑問をぶつけると、教授は、こうした大量殺戮を裁く法律が存在しない以上、タラートのような人物を裁くことは出来ないと答えました。多くの鶏を飼っている農家が、その鶏を残虐に殺し始めたとしても、他人は口をはさむことが出来ません。もし、他人がその鶏を逃がそうとすれば越権行為になってしまいます。一国内における大量虐殺もこれと同じだというのが教授の説明でした。

一国内においては合法的な大量殺戮が許されてしまう。こうした悲しい現実を知ったレムキンは、何としてもこうした事態を避けたいと全身全霊を込めて精力的に活動し、遂には「ジェノサイド」という言葉を作り上げたのです。一九四八年、国際連合においてジェノサイド条約が採決されますが、レムキンこそがジェノサイド条約の父なのです。

さて、随分と話が逸れてしまいました。話を日本の近現代史に戻しましょう。何度でも確認しますが、日本はジェノサイドに手を染めたナチス・ドイツとは全く異なる国家でした。日本はナチス・ドイツのユダヤ人に対するジェノサイドに加担していません。そうしたナチス・ドイツの人種主義に賛同した訳でもありません。恐るべき犯罪国家ナチス・ドイツとの同盟は、軍事的に全く無益だっただけでなく、後世に、日本がジェノサイドに手を染めた犯罪国家であったとの印象を持たせてしまう世紀の大失策であったといえるでしょう。現実には、日本はナチス・ドイツとは全く異なった国家だったのです。

最近、日本国内で「ヘイト・スピーチ」が問題となっています。ヘイト・スピーチとは、特定の民族の人々を、その構成員の個性を無視して、全て同じだと決めつけ、聞くに堪えない憎悪表現をぶつけることです。

残念ながら、日本には次のようなヘイト・スピーチをする人びとが存在しています。

「善い朝鮮人も悪い朝鮮人も殺せ」
「糞食い民族」
「ハヤククビツレ　チョウセンジン」

これは、朝鮮人であるという出自だけで、その人間を差別する言葉です。「善い朝鮮人も悪い朝鮮人も殺せ」という表現は、ナチス・ドイツの蛮行を彷彿とさせます。「善いユダヤ人も悪いユダヤ人も殺せ」と考え、実際に、全く罪のないユダヤ人をユダヤ人であるという理由だけで殺戮したのがナチス・ドイツなのです。

我々日本が反省すべきは、ナチス・ドイツのような野蛮な国家と同盟を結んだことです。しかし、我々の祖父たちは、ジェノサイドに手を染めることはありませんでした。繰り返しになりますが、これがナチス・ドイツと大日本帝国の最大の違いです。日本はジェノサイドに手を染めるのではなく、むしろ、民族差別、人種差別の撤廃という大義名分を掲げたのです。

私は在日朝鮮人の方々の意見を無条件に受け入れろと主張しているわけではありません。個々の議論に関しては徹底的に議論すべきです。慰安婦の問題、所謂「強制連行」の問題、竹島の領有権の問題。中途半端な妥協ではなく、日本側の主張をすべきです。しかし、個々の問題で意見を戦わせることと、ヘイト・スピーチは別の問題です。日本の歴史を誇りに思うのであれば、我々の祖父たちが掲げた「人種平等」の理念を尊重すべきではないでしょうか。

我々の先祖、そして世界中の多くの有色人種が人種差別に苦しみ続けてきました。こうした差別に「否」と唱えたのが、大東亜戦争の一側面でした。我々の先祖の意志を尊重するためにも、ヘイト・スピーチを避けるのが、歴史を尊重する日本国民の責務ではないでしょうか。

付録「大東亜共同宣言」

抑々世界各國ガ各其ノ所ヲ得相扶ケテ萬邦共榮ノ樂ヲ偕ニスルハ世界平和確立ノ根本要義ナリ

然ルニ米英ハ自國ノ繁榮ノ爲ニハ他國家他民族ヲ抑壓シ特ニ大東亞ニ對シテハ飽クナキ侵略搾取ヲ行ヒ大東亞隷屬化ノ野望ヲ逞ウシ遂ニハ大東亞ノ安定ヲ根柢ヨリ覆サントセリ大東亞戰爭ノ原因茲ニ存ス

大東亞各國ハ相提携シテ大東亞戰爭ヲ完遂シ大東亞ヲ米英ノ桎梏ヨリ解放シテ其ノ自存自衞ヲ全ウシ左ノ綱領ニ基キ大東亞ヲ建設シ以テ世界平和ノ確立ニ寄與センコトヲ期ス

一、大東亞各國ハ協同シテ大東亞ノ安定ヲ確保シ道義ニ基ク共存共榮ノ秩序ヲ建設ス

一、大東亞各國ハ相互ニ自主獨立ヲ尊重シ互助敦睦ノ實ヲ擧ゲ大東亞ノ親和ヲ確立ス

一、大東亞各國ハ相互ニ其ノ傳統ヲ尊重シ各民族ノ創造性ヲ伸暢シ大東亞ノ文化ヲ昂揚ス

一、大東亞各國ハ互惠ノ下緊密ニ提携シ其ノ經濟發展ヲ圖リ大東亞ノ繁榮ヲ増進ス

一、大東亞各國ハ萬邦トノ交誼ヲ篤ウシ人種的差別ヲ撤廢シ普ク文化ヲ交流シ進ンデ資源ヲ開放シ以テ世界ノ進運ニ貢獻ス

あとがき

「盗人にも三分の理」という言葉があります。泥棒であっても、少しくらいは言い分があるという意味の言葉です。

盗人ですら、三分の理があるのです。「侵略戦争をした」と糾弾される我々の父祖にもまったく理由がなかったと断定することは避けるべきでしょう。

ところで、我々の父祖は、何故、巨大なアメリカを相手に戦争を開始したのでしょうか。よく考えてみると、我々は小さな頃から歴史の授業で戦争の悲惨さについては学びますが、何故、日本が戦争をしたのか、その理由について学ぶことはほとんどありません。

本書では、その原因の一つとして「人種差別」をあげ、昭和天皇のお言葉を手掛かりとしながら、人類史上における人種差別の歴史、そして、その人種差別を擁護してきた科学者、哲学者たちの許すべからざる言葉を幾つも引用してきました。

本書を書き終えて、私は改めて、人間を人間として扱おうとしない人種差別の恐ろしさを実感するとともに、日本の先人たちの獅子奮迅の働きに感謝したいと思いました。

アフリカ大陸の住民、アメリカのインディアン、インカ帝国の住民、そしてアジアの植民地における住民。彼らは人間以下の存在として、本当に酷い扱いを受けてきました。

日本人を奴隷にしてはならないという豊臣秀吉の素朴な愛国心。何としても日本を植民地にしてはならないという熱烈たる気概に満ちた明治維新の志士たち。彼らの想いが積み重なって、積み重なって、現在の日本があります。

大東亜戦争の際、日本は「人種平等」の理念を掲げました。戦争に敗れ、国民が悲惨な思いをした事実を否定することは出来ませんが、掲げられた理念そのものが間違っていたということも出来ないはずです。

戦後、露骨な人種差別をすることは、紳士としてマナー違反のように思われるようになりました。キング牧師が立ち上がり、アメリカにおいて露骨な黒人差別が禁止されるようになりました。南アフリカのアパルトヘイトも、許されざる犯罪行為であると認識され、廃絶に至りました。

しかし、大東亜戦争が勃発する以前、世界中がアパルトヘイトのような状態だったのです。有色人種であるというだけで劣った存在と見做されたのです。こうした人種差別に対して、我々の祖先は憤りを感じていたのです。

率直に言って、私は、この憤りそのものには共感します。有色人種であるという理由だけで差別されるなど、余りに残酷で愚かな話だと思います。

戦争は残酷で悲惨なものでした。その部分を否定するつもりは毛頭ありません。しかし、戦争に辿り着くまでの日本側の主張にも耳を傾けるのが公平というものではないでしょうか。

戦後七〇年、余りに偏った歴史認識が横行しているように思えてなりません。本書執筆の原点は、そうした現状に対する私の憤りにあります。

本書を一人でも多くの方々に読んでいただきたいと心の底から願っています。とりわけ、私よりも若い、大学生、高校生、そして中学生にも読んでいただきたいと願っています。本書では、なるべく分かりやすく、簡潔に書くように心がけました。若い読者を想定していたからです。是非、本書を手に取って、興味をもった若い方は、より多くの本を読んでみてください。参考文献も用意してあります。興味をもった本、論文を読んでみてください。

私は日本の戦争が解放戦争であり、アジア諸国民こそ、日本に感謝せよ、などと極端なことを主張したいわけではありません。日本にも理由があり、そのうちの大きな一つが「人種差別」の問題だったと訴えたいだけなのです。

本書執筆に際しましては、彩図社の本井敏弘氏に大変お世話になりました。大変適切なご指摘を頂き、優れた編集者とともに仕事が出来ることの幸せを感じました。また、本書を書き終えると同時に、恩師井尻千男先生の訃報に接しました。先生は文章の書き方、人としての在り方、人間の矜持、本当に全てを教えて下さったかけがえのない恩師でした。謹んでご冥福をお祈りします。

最後に私事になりますが、いつも本当に迷惑をかけてばかりの両親に感謝して筆を措きたいと思います。

平成二七年六月三日

岩田温

【参考文献リスト】

まえがき
ケネス・ルオフ『紀元二千六百年　消費と観光のナショナリズム』朝日新聞出版
太宰治「十二月八日」、『昭和戦争文学全集第四巻　太平洋開戦』集英社

第一章
重光葵『重光葵　手記』中央公論社
司馬遼太郎『昭和という国家』NHK出版
須藤真志『真珠湾〈奇襲〉論争』講談社メチエ
須藤真志『ハル・ノートを書いた男』文春新書
寺崎英成、マリコ・テラサキ・ミラー『昭和天皇独白録』文春文庫
西尾幹二『異なる悲劇　日本とドイツ』文春文庫
日本図書館協会『表現の自由から図書館を考える』日本図書館協会
秦郁彦『陰謀史観』新潮新書
半藤一利『昭和史』平凡社ライブラリー
三田村武夫『大東亜戦争とスターリンの謀略』自由社
ヤン・カルスキ『私はホロコーストを見た』白水社

第二章
宮本正興・松田素二編『新書アフリカ史』講談社現代新書
ポール・ゴードン・ローレン『国家と人種偏見』TBSブリタニカ
モンテスキュー『法の精神』岩波文庫
ヘーゲル『歴史哲学講義』岩波文庫
平川祐弘『和魂洋才の系譜』平凡社ライブラリー

サッチャー『サッチャー 私の半生』日本経済新聞社
レヴィ・ストロース『野生の思考』みすず書房
アリストテレス『政治学』岩波文庫
セプールベダ『第二のデモクラテス』岩波文庫

第三章
マシュー・ホワイト『殺戮の世界史』早川書房
五十嵐 武士・福井 憲彦『世界の歴史〈21〉アメリカとフランスの革命』中公文庫
網野徹哉『インカとスペイン 帝国の交錯』講談社
ティトゥ・クシ・ユパンギ『インカの反乱』岩波文庫
平川祐弘『和魂洋才の系譜』平凡社
山本紀夫『天空の帝国インカ』ＰＨＰ新書
ラス・カサス『インディアスの破壊についての簡潔な報告』岩波文庫
富田 虎男『アメリカ・インディアンの歴史』雄山閣出版
清水知久『米国先住民の歴史—インディアンと呼ばれた人びとの苦難・抵抗・希望』明石書店
上杉忍『アメリカ黒人の歴史・奴隷貿易からオバマ大統領まで』中公新書
フィリップ・ジャカン『アメリカ・インディアン—奪われた大地』創元社

第四章
岡本良知「十六世紀に於ける日本人奴隷問題（上）」『社會經濟史學』第四巻三号
岡本良知「十六世紀に於ける日本人奴隷問題（下）」『社會經濟史學』第四巻四号
岡本良知『桃山時代のキリスト教文化』東洋堂
高瀬弘一郎「キリシタン宣教師の軍事計画（上）」『史学』第四十二巻三号
高瀬弘一郎「キリシタン宣教師の軍事計画（中）」『史学』第四十三巻三号
高瀬弘一郎「キリシタン宣教師の軍事計画（下）」『史学』第四十四巻四号

藤田みどり「奴隷貿易が与えた極東への衝撃」、小堀桂一郎編著『東西の思想闘争』中央公論社

第五章
ムルタトゥーリ『マックス・ハーフェラール―もしくはオランダ商事会社のコーヒー競売』めこん
ルディ・カウスブルック『西欧の植民地喪失と日本』草思社

第六章
カレイ・マックウィリアムス『日米開戦の人種的側面　アメリカの反省1944』草思社
チャオ埴原三鈴、中馬清福『「排日移民法」と闘った外交官』藤原書店
簑原俊洋『排日移民法と日米関係』岩波書店
簑原俊洋『カリフォルニア州の排日運動と日米関係―移民問題をめぐる日米摩擦、1906～1921年』神戸大学研究双書刊行会
三輪公忠編著『日米危機の起源と排日移民法』論創社
若槻泰雄『排日の歴史―アメリカにおける日本人移民』中公新書

第七章
外務省編『日本外交文書　大正8年第三冊上巻』外務省
ジェフリー・ブレイニー『オーストラリア歴史物語』明石書店
張能美希子「白いオーストラリアの動態的差別分析」『CUC policy studies review』第十八巻
遠山嘉博「白豪主義から多文化主義へ」『追手門経済論集』第三十八巻一号
永田幸久「第一次世界大戦後における戦後構想と外交展開：パリ講和会議における人種差別撤廃案を中心として」『中京大学大学院生法学研究論集』第二十三巻
八丁由比「国際連盟規約と幻の人種平等原則―実現しなかった原因は何か―」『九州工業大学研究報告　人文・社会科学』第五十九巻
船尾章子「大正期日本の国際連盟観：パリ講和会議における人種平等提案の形成過程が示唆するもの」『国

際関係学部紀要』第十四巻
マニング・クラーク『オーストラリアの歴史』サイマル出版社

第八章
外務省編『日本外交文書　太平洋戦争　第二冊』外務省
重光葵『重光葵　手記』中央公論社
高村光太郎『高村光太郎全集　第３巻』筑摩書房
Harvey Mansfield Manliness,Yale University Press
深田祐介『大東亜会議の真実』ＰＨＰ新書
ホメロス『イリアス』岩波文庫

補論
サマンサ　パワー『集団人間破壊の時代―平和維持活動の現実と市民の役割』ミネルヴァ書房
フランツ　ヴェルフェル『モーセ山の四十日』前篇、後篇　近代文芸社
松村高夫、矢野久編著『大量虐殺の社会史』ミネルヴァ書房
添谷育志「大量虐殺の語源学　あるいは「命名の政治学」」『明治学院大学法学研究』第九〇号所収

全体として
クリストファー・ソーン『太平洋戦争とは何だったのか』草思社
クリストファー・ソーン『太平洋戦争における人種問題』草思社
佐藤優『日米開戦の真実』小学館
ジョン・ダワー『容赦なき戦争』平凡社
中村粲『大東亜戦争への道』展転社
林房雄『大東亜戦争肯定論』夏目書房
松浦正孝『「大東亜戦争」はなぜ起きたのか』名古屋大学出版会

〈著者プロフィール〉
岩田　温（いわた・あつし）
昭和58年生まれ。早稲田大学政治経済学部卒業、同大学大学院修了。現在、拓殖大学客員研究員。専攻は政治哲学。著書に『だから、改憲するべきである』（彩図社）、『政治とはなにか』（総和社）、『逆説の政治哲学　正義が人を殺すとき』（ベストセラーズ）等がある。

人種差別から読み解く大東亜《だいとうあ》戦争

平成27年8月11日　第1刷

著　者　岩田　温

発行人　山田有司

発行所　株式会社　彩図社《さいずしゃ》

〒170-0005 東京都豊島区南大塚3-24-4 MTビル
TEL:03-5985-8213
FAX:03-5985-8224

印刷所　新灯印刷株式会社

URL：http://www.saiz.co.jp
Twitter：https://twitter.com/saiz_sha

ISBN978-4-8013-0087-3 C0131

本書は2012年12月にオークラ出版より刊行された『だから、日本人は「戦争」を選んだ』を大幅に加筆・修正し、文庫化したものです。

引用文中の歴史的仮名遣いは現代仮名遣いに改めました。